SIX SLOVAK POETS

SIX
SLOVAK
POETS

Translated by John Minahane

Edited and introduced by
Igor Hochel

PUBLICATIONS
2010

Published by Arc Publications
Nanholme Mill, Shaw Wood Road
Todmorden, OL14 6DA, UK
www.arcpublications.co.uk

Design by Tony Ward
Printed by Lightning Source

ISBN: 978 1906570 38 5

The publishers are grateful to the authors and,
in the case of previously published works, to their publishers
for allowing their poems to be included in this anthology.

Cover image: Klára Bočkayová

This book has received a subsidy from the SLOLIA Committee,
the Centre for Information on Literature in Bratislava, Slovakia.
The publishers would like to express their gratitude for this support,
without which this book could not have been published.

Supported by
**ARTS COUNCIL
ENGLAND**

The 'New Voices from Europe and Beyond' anthology series is published in
co-operation with Literature Across Frontiers which receives support
from the Culture programme of the EU.

LITERATURE
ACROSS
FRONTIERS

**Arc Publications 'New Voices from Europe and Beyond'
Series Editor: Alexandra Büchler**

ACKNOWLEDGEMENTS

Poems in this anthology have previously appeared
in the following publications:

JÁN BUZÁSSY

From *Krása vedie kameň* (Beauty Leads the Stone) 1972: XXXVI,
XXXVII, XXXVIII, XLII, LXVII; from *Rok* (A Year) 1976: 'Oslnenie'
(Dazzling); from *Ľubovník* (St. John's Wort) 1979: "Spíš…" (You
sleep…), "Dušou nazývame to…" (The Soul we call…), "Sníva sa
ti…" (You're dreaming…), "Sníva sa ti…" (You're dreaming…),
"Sníva sa ti…" (You're dreaming…); from *Zlatý rez* (The Golden
Section) 1988: 'Dávkovanie' (Dosage), 'Z rád' (Fragment of Coun-
sel); from *Náprava vínom* (Remedy with Wine) 1993: 'Zvieracie'
(The Animal Side), 'Ľudskosť' (Humanness).

MILA HAUGOVÁ

From *Čiste dni* (Clear Days) 1990: 'Dcére o láske' (To My Daughter
About Love); from *Terče* (Target(s)) 2004: 'terč pre snívajúcu' (target
for a woman dreaming), 'terč dýchajúca izba' (target breathing room),
'terč pre lukostrelkyňu' (target for a bowwoman), 'terč pre jediného'
(target for the unique one), 'terč pre spoločný čas' (target for time to-
gether); from *Rastlina so snom: Vertikála* (Plant with a Dream: Verti-
cal) 2006: 'Záhrada: srdce lásky' (Garden: Heart of Love), 'Nespavosť'
(Insomnia), 'September', "som biela hmla..." ("I am the white mist..."),
'Priesvtnosť' (Translucency), 'Tesne' (Closely); from *Miznutie anjelov*
(Disappearing Angels) 2008: 'Levitácia' (Levitation), "...chcem, aby si
vedel..." ("...I want you to know..."), "Ako si zvykám..." ("As I grow
accustomed..."), 'Fragmenty miznutia jedinej reči lásky' (Fragments of
the Vanishing Language of Love), 'Fragmenty miznúceho teroru detstva
(reči)' (Fragments of a Vanishing Childhood Terror (Speech), 'Blíženci'
(Gemini), 'Lamentácie' (Lamentations).

IVAN ŠTRPKA

From *Krátke detstvo kopijníkov* (The Brief Childhood of Lancers)
1969: 'Ostrov' (Island), 'Vzbúrenci v bezvetrí' (Mutineers in the Dol-
drums), 'Modré spánky kopijníkov' (The Blue Temples of Lancers),
'Minulosť zámlky' (The Past of a Pause); from *Pred premenou* (Before
the Metamorphosis) 1982: 'Kým trvá spojenie' (While the Connection
Lasts), 'Stále na sever' (Ever Northwards), 'Kroky vtákov' (Bird Steps);
extracts from 'Všetko je v škrupine' (Everything's in the Shell) 1989;
from *Majster Mu a ženské hlasy* (Master Mu and the Women's Voices)
1997: 'Goodbye, Blue Eyes' (Goodbye, Blue Eyes), 'Čo je na dne' (What's
Down at the Bottom), 'Výstrel sa zasekol na území nikoho' (The Gun
Has Jammed in No-Man's Land), 'Majster Mu o kruhu' (Master Mu on
the Circle).

PETER REPKA

Extracts are given from *Priateľka púšť* (Darling Desert) 1996 and *Karneval v kláštore* (Carnival in the Monastery) 2002.

KAMIL PETERAJ

From *Sad zimných vtákov* (Winter Birds' Orchard), 1965, revised 1995: 'Melanchólie' (Melancholias); from *Lipohrádok* (Lime Tree Mansion) 1973: 'Ryba' (Fish), 'Motýľ' (Butterfly), 'Kôň' (Horse); from *Faust a margaréty* (Faust and Margaretas) 1981: 'Poste restante' (Poste Restante), 'Slepačia smrť' (Death of a Hen), Nemí (Mutes), 'Zaspávanie' (Falling Asleep), 'O neumieraní' (About not dying), 'Nemocnica' (Hospital), 'Stará matka' (Grandmother); from *Útechy / Maximy / Telegramy* (Shelters / maxims / telegrams) 1987: 'Zajtra môže byť neskoro' (Tomorrow may be Too Late), 'Krištofko Kolumbus' (Chris Columbus); from *Sekunda rozkoše* (A Second of Delight) 1989: 'Vnútri neznámej fľaše' (Inside an Unknown Bottle); from *Dom panny* (House of the Virgin) 1991: 'Dom Panny' (House of the Virgin), 'Púť tam je púťou späť' (The Journey There is the Journey Back).

DANIEL HEVIER

From *Elektrónkový klaun* (Electronic Clown) 1983: 'Motorčeky' (Little Motors), 'Vonku sa hrá mojich 13 dcér' (My 13 Daughters Are Playing Outside), 'Človek dal mená všetkým zvieratám' (Man Gave Names to All the Animals), 'S vypnutým motorom' (With Motor Switched Off), 'Balans'(Balance), 'Hamlet, ako vždy šialený' (Hamlet, Mad As Ever); from *V každých dverách* (In Every Door) 1988: 'výhercovia zimného obdobia' (winners of wintertime), 'viking' (viking), 'talent na cestovanie' (talent for travelling), 'ironický dodatok k autoportrétu' (ironic appendix to a self-portrait); from *Biele horí najdlhšie* (White Burns Longest) 2003: 'island' (iceland), 'hľadá sa kristus' (christ wanted), 'varovanie' (warning), 'smutná tráva' (sorrowful grass), 'deväť rokov' (nine years old), 'posol s nijakou správou' (messenger with no news).

CONTENTS

Six Slovak Poets is the sixth volume in a series of bilingual anthologies which brings contemporary poetry from around Europe to English-language readers. It is not by accident that the tired old phrase about poetry being 'lost in translation' came out of an English-speaking environment, out of a tradition that has always felt remarkably uneasy about translation – of contemporary works, if not the classics. Yet poetry can be and *is* 'found' in translation; in fact, any good translation *reinvents* the poetry of the original, and we should always be aware that any translation is the outcome of a dialogue between two cultures, languages and poetic traditions, collective as well as individual imaginations, conducted by two voices, that of the poet and of the translator, and joined by a third participant in the process of reading.

And it is this dialogue that is so important to writers in countries and regions where translation has always been an integral part of the literary environment and has played a role in the development of local literary tradition and poetics. Writing without reading poetry from many different traditions would be unthinkable for the poets in the anthologies of this series, many of whom are accomplished translators who consider poetry in translation to be part of their own literary background and an important source of inspiration.

While the series 'New Voices from Europe and Beyond' aims to keep a finger on the pulse of the here-and-now of international poetry by presenting the work of a small number of contemporary poets, each collection, edited by a guest editor, has its own focus and rationale for the selection of the poets and poems.

Six Slovak Poets features the work of poets of an older generation who started publishing in the 1960s. They lived through the difficult times that followed the Soviet invasion of Czechoslovakia in 1968, through the political, social and cultural transformation of the past twenty years since the fall of the communist regime in 1989, and through the division of the country in 1993 which gave birth to today's Slovak Republic.

Their work continues the experimentation with form and language of the pre-war Central European avant-garde, with added elements of myth, legend, folk tales, and references to religion and the natural world. Integral to their work are philosophical reflection and exploration of the moral issues raised by the circumstances in which they worked, forcing them to turn to the resources of their personal and inner lives as a reaction to the ideological demands of the time. The result is a densely woven, polythematic free verse representative of the poetics of a generation that has been central to Slovak literary life for four decades, a generation whose approach to poetry younger writers who have entered the literary scene since the early 1990s are still developing or reacting against.

I would like to thank those who made this edition possible and, above all, the translator and the poets themselves.

Alexandra Büchler

During the second half of the twentieth century Slovak literature in general, and poetry not least, developed under difficult conditions. Extra-literary factors – politics and ideology – frequently interfered in the literary process to its detriment. This was connected, of course, with the overall evolution of social relations in contemporary Czechoslovakia (the state which preceded the present-day Czech and Slovak republics: these separate states came into existence on January 1, 1993).

In the years immediately after the Second World War Czechoslovakia made an attempt to reconstruct democratic social conditions, such as had existed from its inception in 1918 until 1939. Czech and Slovak literature sought to renew their pluralist mode of existence from the prewar period. By pluralism we mean the fact that various aesthetic opinions, literary currents and directions existed alongside one another; there were writers of differing political orientations and religious creeds and also, naturally, a variety of individual poetics among authors. Alas, this process of renewal did not last for long. Resulting from Europe's postwar political relations, the country found itself in the zone of influence of the Stalinist Soviet Union. In February 1948 a communist putsch was enacted in Czechoslovakia, which was followed by the establishment of political dictatorship, one-party rule and a system of total social direction. From the moment when the communists seized state power, literature was subjected to a one-sided ideological pressure. In the field of artistic creation the power-holders demanded application of "the one correct artistic method", the method of socialist realism. Many publishing houses were liquidated, some magazines were banned, and a strict censorship was gradually introduced. The communist political leadership perceived literature (and art in general) as an instrument for asserting its interests and for the "re-education" of man in the spirit of dogmatic Marxist-Leninist philosophy.

As a result of these developments Slovak (and of course also Czech) literature suffered losses of personnel. Many authors went into exile. They included in particular the poets belonging to the powerful Catholic Modern grouping, since the totalitarian regime had begun its persecution of theologians and religious believers generally. (The governing power perceived exiled artists as traitors, and therefore critics or literary historians could not publish anything about them; their literary work was taboo for generations. Some of them were reintegrated into Slovak literary history only after the fall of communism in 1989.) Other authors spent long years in prison, resulting from the political repression and trials which culminated in the early 1950s. Needless to say, this too led to a ban on publication and exclusion from the literary process for an extended period. The immense ideological pressure forced literature into a major developmental crisis. Where poetry was concerned, the situation was that a certain number of authors were removed from literary currency, others voluntarily fell silent and still others – and these latter included some talented authors, who had made themselves known in the postwar years with books of high-quality verse – strove to adapt to the demands of the method of socialist realism. The aesthetic function of poetry retreated into the background, while its propagandistic function was emphasised. The publishing houses brought out a great quantity of collections of agitational lyrics, supporting the utopian project of building a "just" socialist society, celebrating the "heroes" of the communist movement (Lenin, Stalin etc.), and dividing humanity, in the spirit of the vulgar Marxist-Leninist philosophy, into antagonistic classes. These books, full of propagandistic phrases, received high praise from the Marxist-orientated section of contemporary critics. In reality, however, they were far from satisfying the criteria of genuine artistic creation, and so they received no response from intellectual readers' circles. Today they have more or less fallen into oblivion; they are known only to collectors and to literary historians.

The first signs that literature had come through the worst phase of its crisis appeared in 1956, when a partial criticism of the despotic rule of Joseph Stalin was conducted in the Soviet Union (three years after his death). This brought a mild political relaxation also in the so-called satellite countries (the states of the socialist bloc). Political trials were ended, but the fundamental dogma of the building of a classless socialist society remained unchallengeable. Where Slovak literature was concerned, it remained the case that one could not question the method of socialist realism; but its vulgar interpretation became the subject of a critical discussion, which focused on those works that fulfilled only an agitational and propagandistic function. People began to say that literature must "return to man" with his inner world, his private and intimate being. A "practical" achievement of the political thaw was the foundation of the magazine *Mladá tvorba* (Young Writing), which began appearing in 1956 and gradually began to play an important role in literary change and development.

In the 1960s Slovak literature gave proof of genuine creative tension and made artistic advances. Literary creation was liberated from ideological pressure, and in substance also socialist realism was renounced. Admittedly, in the given social conditions it could not be rejected demonstratively, by proclamation or manifesto. But authors rejected it by their mode of writing. They wrote works – poetic, prosaic, dramatic – which problematised the condition of man, posed serious and fundamental questions about his being and about the meaning of existence, and adopted critical attitudes towards the state of society, while seeking to keep up with modern artistic currents in Europe and the world. This positive trend climaxed in the second half of the 1960s. Literature then behaved as a wholly autonomous force. This means that it did not allow politics and ideology to interfere in its developmental processes, or at least not to anything like the extent that they had done previously.

With regard to the late 1960s, one must say that the profound changes in literature can be seen also as mirroring wider social movements. It was the period when the democratisation process in Czechoslovakia culminated, within the limits of the given conditions in the socialist state. When a new political leadership headed by Alexander Dubček took power in January 1968, many reforms were undertaken which were intended to lead towards the creation of 'socialism with a human face' (to use the phrase then current). This entire movement of reform has gone into the history books under the metaphorical name of the Prague Spring.

Alas, this attempt to change the totalitarian political system was of short duration. On 21 August 1968 the armies of the Warsaw Pact, commanded by the General Staff of the Soviet Union, descended on Czechoslovakia, and a 20-year occupation of the country began. The political line represented by A. Dubček was ended, new political dogmatists took over power and a period began which acquired the permanent name of normalisation. (This was a designation invented by the new power's representatives. It is a paradoxical term, because in reality what was happening was in no way normal. Quite the contrary, abnormal things were occurring: truth was distorted and political falsehood was employed. In the Slovak and Czech context the term normalisation has unambiguously negative connotations.)

Where literature was concerned, there was a partial repetition of history. Some authors went into exile; there was an embargo on publication by many others, lasting for shorter or longer periods (in some cases right until 1989); others again began to adapt to the new pressures, to the renewed powerful assertion of socialist realism. Many magazines were banned. Slovak literature was stratified into a) officially published work, b) dissident work and c) exiled authors' work. From a present-day literary-historic viewpoint the first and most numerous layer must be seen as further subdivided into writers who fulfilled the demands of socialist realism in their works and thus served the totalitarian regime (the less numerous group) and those authors who, while their writings were issued by the official state publishing houses (no others existed), nonetheless created genuine artistic values and defied ideological pressures in their works (which had difficulty seeing the light of day). For the sake of precision one must mention that even the Marxist-orientated literary criticism of the 1970s and 1980s no longer conceived of the method of socialist realism in the crude manner of the 1950s. Since many authors actually ignored socialist realism, it was often the case that the left-wing critics 'adapted' to socialist realism and included in its ambit authors who in reality had nothing to do with it (this was especially the case during the 1980s).

1989, which brought the downfall of the totalitarian communist governments in the countries of Eastern Europe, had significance also for Slovak literature, enabling the creation of free, plural conditions of existence, resulting in a diverse literary creation and many books which have found a welcoming readership.

We have emphasised how strongly politics and ideology influenced Slovak literature in the second half of the twentieth century. But this does not imply that there were no literary works of importance and enduring aesthetic value, issuing from their authors' free expression. It would be truer to say that there was a resistance to political pressure in artistic writing as a whole.

Among the many poets who refused to put their work at the service of the system and wrote original poetry, laden with imagination and penetrating to the core of human existence, we can count the five men and one woman represented in this anthology: Ján Buzássy, Mila Haugová, Ivan Štrpka, Peter Repka, Kamil Peteraj and Daniel Hevier.

The oldest of these, JÁN BUZÁSSY, made his poetic debut with *Game with Knives* in the mid-1960s. Two fundamental creative orientations were dominant at that time in Slovak poetry. The first was represented by Milan Rúfus and Miroslav Válek, who in the late 1950s countered the schema of socialist realism with a lyric poetry directed at the inner world of man; at the same time, however, they took pains to ensure that the poem would contain a clearly legible core of thought, a message of ideas. The second approach was seen in the work of the Trnava group (named after their town), whom literary critics also referred to as the concretists (Ján Stacho, Ján Ondruš, Ľubomír Feldek, Jozef Mihalkovič and Ján Šimonovič). These poets laid the emphasis on a demanding and not unambiguous use of metaphor and a multiplicity of meanings.

From the beginning Ján Buzássy's creative method evolved independently, apart from group programmes. The verses he presented in his first book were disquieting and provocative. Buzássy seemed to be striving to rouse the reader to reflect upon the present time. A suggestive urgency marks his book. Traditional lyric themes such as love, nature, death and so on are seen by the author from a new standpoint, using inventive approaches. In this and also in his succeeding books, the natural world often served as metaphorical means of posing the questions of human existence in their widest connections.

A characteristic feature of Buzássy's work is that it is polythematic – noticeable not only in the structure of particular books, but even in individual poems – and polymotivic. The author frequently makes use of symbols rooted in ancient philosophy, history and mythology. He creates poems which seek to give a name to the basis, variability and relativity of beauty, as one of the essential harmonising needs of man. Many of Buzássy's lyrical-reflective texts may be read as distinctive poetic essays on art. In others he reveals, as it were, the connections between ourselves, our contemporaries and our ancestors, seeking the universal spiritual legacy of the past.

Having used free verse throughout his first book, afterwards he produced some books composed in free verse and others where the poems are rhythmically organised and rhymed (with frequent use of the sonnet). During the last fifteen years he has used rhymed and rhythmically-structured verse almost exclusively.

Ján Buzássy's poetic work as a whole was perhaps characterised most succinctly by the literary critic Albín Bagin in 1978, who wrote that it was "poetry of a thousandfold connections".

MILA HAUGOVÁ can rightfully be called The First Lady of Slovak poetry. She has achieved this ambition despite making her debut at a comparatively ripe age. When her first collection *Rusty Clay* appeared in 1980 she was 38 years old. This book marked the entry into literature of an ambitious author seeking her own mode of artistic self-expression, though it did not surpass the contemporary poetic standard. Her ambition was confirmed by the books that followed.

Mila Haugová's lyrical statement became strikingly more complicated, as regards artistic approach and the thought-structure of the poem, from her fourth collection *Pure Days* (1990). Multiple significance, evoked by a diversity of symbols, and an articulated, richly-layered metaphor became characteristic of her work. The collection may be characterised as a book of revelation of the intimate by-ways of the human soul, above all the feminine soul. Her central theme is love seen and felt by the lyrical heroine. A shy and tender eroticism twines round the entire book. The principle of love is here elevated above everything. Love stands above death, it is stronger than death. However, the author represents love not as something idyllic but rather as a dramatically lived feeling.

The relationship of man and woman becomes the poet's central concern in that book and the books following. She strives, however, to see it in wider contexts. Accordingly she enriches her viewpoint with reflections on the status of the individual in the flux of history, on his native roots and on the points of connection of today's human being with those who lived in the past. She creates archetypal female figures who embody the principle of femininity in themselves and also the eternal and arduous feminine fate (the lyrical heroines Alfa, Cassandra and others). Many of the poems contain a tragic element. Mila Haugová's poetic work, by now extensive, represents an original and demanding (in terms of form and ideas) aesthetic system. It is an essential part of the story of Slovak poetic development in recent decades.

IVAN ŠTRPKA's appearance in Slovak poetry is connected with the above-mentioned magazine *Mladá tvorba*, where he published his first verses in 1961. The same magazine published poems by three young authors – Ivan Laučík, Peter Repka and Ivan Štrpka – in its first issue in 1964, and the fifth issue included their manifesto *The Merits of Three-legged Nightingales*. (Their previously-prepared manifesto *Return of the Angels* had been blocked by censorship in November 1963.) And thus the Lonely Runners group was formed – the name was connected with Alan Sillitoe's novel *The Loneliness of the Long-distance Runner*, which found resonance in Czechoslovakia at the beginning of the 1960s.

In his first collection *The Brief Childhood of Lancers* (1969) Štrpka employed free verse in the fullest measure, putting rich metaphoric language and complex periphrasis into its weave. One cannot easily determine the themes of individual poems in this book (or in other books by this author). Nonetheless it is evident that the fantasy world of childhood (represented especially by one of the lyric heroes – the prince) is brought into connection with the stages of human history (motif of the lance and the lancers) and the modern form of civilisation (represented, for example, by the frequently recurring motif of the express train). The author's statement is not uniform but full of digressions, hints, pauses, things not fully said. The complex reality which the poem expresses is spoken of in complex language. It may seem that the poet succumbs to the excessive force of his perceptions, but to heap them up in a small space is his deliberate strategy. Štrpka made use of the free flow of ideas and images in his following books also. There he unfolds his characteristic poetics, which depend upon faith in the aesthetic effect of the multi-significant image. Alongside broadly developed metaphors, which often express the tension between the lyric subject and reality, the poet sometimes – as a sort of contrast or balancing move – uses simple images, transparent in their significance and affectingly tender. In his 1980s collections Štrpka shows an inclination towards longer lyric constructions – poetic cycles and multi-part compositions. This tendency is sustained in his most recent works. Many of his poetic images are bizarre and cannot be unambiguously deciphered, but nevertheless they are aesthetically effective. In the final analysis Ivan Štrpka's work reflects the complicated genesis and inner turmoil of the contemporary human being, marked by all the conflicts and "illnesses" of modern civilisation.

The second living representative of the Lonely Runners group is PETER REPKA. His debut volume *Hen in the Cathedral* appeared in 1969. Its characteristic procedures had the effect of novelty then, and were even perhaps somewhat disturbing. The poet made use of thematic diversity, a lyric text with a core event, journalistic elements, montage as a constructive principle, use of a lexicon from various layers of language (urban slang, slogans, quotations, children's speech, paraphrases of phraseologisms, technical terms). His aim, however, was not so much the subversion of received aesthetic principles: above all he was expressing opposition to social conventions, to a hypocritical system. His book had a rebellious character. It is a generational statement and it was born – like all of the Lonely Runners' poetry – from a lived feeling which one can denote as existential. It was a feeling that man is in a state of threat, resulting from deformed values, the suppression of individual liberty and a social order that restricts the freedom of thought and action.

Repka's later development as an author was complicated. For almost twenty years he was excluded from the literary process. This resulted from the fact that when he married a citizen of the German Federal Republic in the early 1970s he emigrated to that country. In those ideologically charged times such a person could not be published in Slovakia. His next book of poetry was published only after the change of political regime, in 1992: a modern, untraditional poetic composition entitled *Rail-ways* (Že-lez-ni-ce). It is a distinctive statement about the present time. Although the author does not make direct associations with his debut volume, one cannot say that the second book has no connection with the first. At the very least they are linked by the motif of movement, relocation, so characteristic of the Lonely Runners generally. This time round movement is accomplished by means of travelling by train – without a concrete destination. The lyrical subject at times becomes intoxicated by travelling; the feeling it gives him is almost euphoric. One should regard this composition as an artistic pilgrimage through the human soul, a symbolic statement on movement which is brought to a conclusion (i.e. human life) and movement which is eternal (the life of the human species). The poet on occasion expresses himself by means of relatively less transparent, more abstract, but aesthetically attractive metaphors; at other times he uses very concrete images from travel, or verses with a

sententious character. Repka's understanding and elucidation of be-
ing, his picture of life and its flux, is ultimately optimistic. A contribut-
ing factor here is the prevalence of ideas, designations, thoughts, as-
sociations which evoke agreeable feelings.

In his further books the author makes immediate connections with
Rail-ways. He develops the idea of wandering, while attaching to it
further dominant themes (e.g. desert, monastery, carnival).

KAMIL PETERAJ's first book was the collection of poems *Winter
Birds' Orchard* (1965). There, as also in his subsequent books *Time
for the Viola* (1966) and *Queen of Nights* (1968), to a certain extent
he associated himself with the poetics of the then dominant Trnava
group, though he was never a member. He met the Trnavans' re-
quirement of sensual concreteness. The verse in these books was
marked by a gift for rich association, a development of figurative
language based above all on emotive perception of nature. This was
not, however, lyric poetry of a rustic type, because the human being's
vulnerability was revealed through the natural images and the need
for harmony in man's being was expressed.

In later books Peteraj enriched his viewpoint with the theme of
childhood and love and produced verses which can be characterised
as tender lyricism. Later he extended the spectrum of themes and
motifs with current problems (both the intimate and the social) of the
contemporary human being. He also turned his attention to the prob-
lem of alienation, loss of identity in the hyper-technicised (postmodern)
world, and universal issues – e.g. the awareness that man's exist-
ence is bounded by death. Some of his poems take on the attributes
of the civilisation lyric. In his most recent works Peteraj shows him-
self inspired by ordinary, everyday life; there is also a tendency to-
wards gnomic statement and aphorism.

The poet has also been a successful writer of popular music lyrics
ever since the mid-1960s. He was one of the founding personalities
of modern Slovak songwriting, being linked with the birth and devel-
opment of Slovak rock.

DANIEL HEVIER is one of the greatest and at the same time most
versatile talents of the generation whose artistic production began in
the 1970s. He was already writing and publishing poems while in
secondary school. At the age of nineteen he launched his debut col-
lection *Butterfly's Merry-go-round* (1974), which met with a fa-
vourable response from the literary critics. When treating motifs of
love, nature and family he showed a sense for the beauty of words
and a playful humour. Hevier let himself be enchanted by the world
and the possibilities of expressing it by poetic means. His verses are

infused with the joy of life and a fragile tenderness.

In subsequent collections – *With Dad in the Garden* (1976) and *The Bird Drinks from the Wheelrut* (1977) – the author kept the link with the poetics of his debut volume, while extending his re-flections to graver themes. For example, in certain poems he ponders on the historic circumstances of Slovakia, which have influenced our present. Harmonic tones prevailed in the poetics of Hevier's first books. From the 1980s on, however, his thematic orientation changed, as did his points of departure. He began to be aware of the human being of the modern epoch, living his hurried life, suffering frustration, fighting against stress. The poet now turned away from nature and the countryside and looked to the city as his source of motifs. To this present day his poetry continues to have those dimensions.

Hevier's poetry on the one hand works with striking poetic im-agery, while on the other hand he strives for transparency of mean-ing. Often he "closes" the poem with a striking, usually surprising point. If we add to this the use he makes of the living spoken lan-guage and slang, as well as his successes in creating popular music texts, it is no surprise that his lyric poetry enjoys great popularity among young readers.

All of the six artists represented in this anthology are considered important poets by Slovak literary critics. They would seem to have assured places in the history of Slovak literature. Of course, the fact that they were chosen for this book is also due to the editor's indi-vidual taste. Another anthologist might have selected other lyric poets who are equally successful. But we did want to demonstrate by the choice of authors and texts that contemporary Slovak literature is not a uniform monolith but on the contrary, a diverse palette of testimo-nies by original literary personalities.

We believe that the work of these six Slovak poets in John Minahane's translation will communicate with, interest and delight English-speaking lovers of poetry.

Igor Hochel

JÁN BUZÁSSY

PHOTO: PETER PROCHÁZKA

JÁN BUZÁSSY was born in 1935 in the village of Kočovce. He studied Librarianship and Slovak at the Philosophical Faculty of Comenius University in Bratislava, then went on to become editor, later editor-in-chief, of the important literary journal *Mladá tvorba* (Young Writing) until it was banned in 1970. He worked for many years as an editor in the Slovenský spisovateľ publishing house and in 1994-5 became editor-in-chief of the magazine *Kultúrny život*. He is now retired and lives in Bratislava.

His published poetry collections are: *Game with Knives* (1965), *The Cynic School* (1966), *Nausicaa* (1970), *Beauty Leads the Stone* (1972), *Fairytale* (1975), *A Year, Phonolite* (both 1976), *Spirit of the Elderberry* (1978), *St. John's Wort* (1979), *Plain, Mountains* (1982), *The Golden Section* (1988), *Remedy with Wine* (1993), *Days* (1995), *Light of the Waters* (1997), *An Autumn Stroll* (1999), *Mrs Faust and Other Poems* (2001), *Still Life – a Brief Lent* (2004), *Double-winged Doors* (2006), *Vixen* (2008).

A selection of his poetry, *Melancholy Hunter*, appeared in English from Modry Peter Ltd, Ontario, Canada in 2002.

He is a notable translator from English, bringing the poetry of Byron, Eliot, Pound, Ginsberg and others to the Slovak reader.

XXXVI

Áno, meč,
kov, ktorý horí štíhlym plameňom.
No z akého ohňa šľahá?
Z pekelných hlbín,
z dlane anjelskej?

Podoba, ktorú sme si zvolili,
nás zrádza,
ba viac – skúma nás.

Čln z brezovej kôry,
mýlený našou rukou v perejach,
bol stromom, ktorý sme odrali z kože.
A za živa,
aby miazga nevyschla,
sme mu dali nový tvar.

Lež či aj život?

XXXVII

Načrtnúť žily,
ktoré krv vyfarbí.

No mramor bezkrvný,
tkaný z mŕtvych žíl,
stále viac obelieva,
stále viac nehybnie.

Sochár v zúfalstve ho živí vlastnou krvou.

XXXVI

Yes, the sword,
metal that burns with a slender flame.
But flickering from what fire?
From the hellish deeps,
from an angel's palm?

The form we have chosen
betrays us,
and more – it puts us to the test.

The barge of birchen bark
our steering hand misguided in the rapids
was a tree that we flayed.
And alive,
so the sap would not dry,
we gave it a new form.

But whether also life?

XXXVII

To outline veins
which blood will colour.

But the bloodless marble,
woven of dead veins,
grows ever paler,
ever more unmoving.

The desperate sculptor feeds it with his blood.

XXXVIII

Krása sa uskutoční
i napriek cezúram, ktoré ju spomaľujú,
no nezastavia.

Každé zadrhnutie jej vracia nový dych.

Sekera pretínajúca hadí chrbát
iba článkuje jeho súvislosť.

A chvost jašterice rastie ďalej.

XLII

To krása vedie kameň
(každý balvan je bludný)
a rukou krásy vedený
(ohňom a vodou, dokola, do dna a do nemoty)
sa stáva sochou.

Tvarom určený a preto osamelý,
slabý,
v klesaní,
ktoré len krása podopiera.

LXVII

Podá ti krása ruku,
až na kosť ohlodanú diablovými rukavičkami?
Krása,
ktorá sa večne prezlieka
(raz v koži myšej, raz havranej),
chodí v kosti.

XXXVIII

Beauty will be perfected
in spite of the caesuras which may slow
but do not halt.

Every arrest restores her with new breath.

The axe that slices the snake's back
only articulates its continuity.

And the lizard's tail keeps growing.

XLII

Beauty leads the stone
(every boulder is astray)
and led by beauty's hand
(with fire and water, round, to the mute depths)
it becomes a statue.

Determined by form and therefore lonely,
weak,
in a sinking
that only beauty sustains.

LXVII

Will beauty offer you a hand
gnawed bone-bare in diabolic gloves?
Beauty,
which eternally changes costume
(now in mouseskin, now in raven's),
wears only bone.

A ty,
keď si predtým vyfúkol zvyšky špiku,
na prázdnej kosti pískaš svoje kvílenie.

Prázdny prázdnote.

OSLNENIE

Zúfalý šofér cúva z námestia,
    svetelný vták mu z očí zobe;
    sú slnka západy i v hrobe –
    v očiach sa všetky ohne pomestia.

Hlava mu schádza z mysli. V motore
    sudičky prsty slinia, pradú
    osudnú niť, čo klíči z hladu
    v trinástej zatvorenej komore.

Vinie sa životom a delí,
    tak ako delí vlasy cestička,
    dobrozlo na dva rovné diely.

Sudičiek suché pery šelestia
    nad klbkom ružového telíčka.
    Zúfalý šofér cúva z námestia.

SPÍŠ,
sníva sa ti:
Tancujete pred stanicou,
vznášaš sa, omámený,
v náručí s opojnou ženou,
hrá hudba.

Je to posledná žena,
v náručí sa ti rozplýva,

And you,
who earlier blew out the remains of the marrow,
whistle your lament in the bone's hollow.

Empty to emptiness.

DAZZLING

A frantic driver backs out of the square;
    the lightbird's pecking at his eyes;
    the sepulchres of suns that die –
    all fires go to the eyes and settle there.

He quite forgets his head. Inside the motor,
    wetting their fingers, are the Fates;
    they spin the thread that germinates
    from hunger, in the thirteenth enclosed chamber.

It winds round life, distinguishing
    (as centre-parted hair equally falls)
    goodevil, giving each an equal share.

The Fates, their dry lips murmuring,
    lean over the pink body rolled to a ball.
    A frantic driver backs out of the square.

YOU SLEEP,

you're dreaming:
You're dancing in front of a station,
you rise, intoxicated,
embracing a tipsy woman,
music plays.

She is the last woman,
she dissolves in your embrace,

rozpadáva ako kytica kvetov
a teba zalieva vlahá slasť.

Ešte nikdy to nebolo také.
Necítiš na sebe ťažký vojenský plášť,
na chrbte plecniak,
je to posledná žena.

Transport je pripravený na odchod.

DUŠOU nazývame to,
kam z tela nedovidieť.

Akoby človek nosil v sebe jaskyňu,
ktorú obývali dávni predkovia.

A duch je strašidlo,
ktoré sa vznáša v týchto temnotách.

Takto si pomáhame.

SNÍVA SA TI:
… keď sa odlúpi tvár
a ostane len hlava,
do ktorej spredu vidno,
ak má kto pozerať…

Tvár, ktorú dvíhaš nad líniu zákopov,
je taká.

she falls apart like a bouquet of flowers
and a tepid rapture washes over you.

It was never like this before.
You don't feel your heavy soldier's coat,
the duffle-bag on your back,
she's the last woman.

The transport is ready to depart.

THE SOUL we call
what can't be seen from the body.

As if man carried in him the cave
where his far-off ancestors dwelt.

And the spirit is a spectre
which rises in this dark.

That's how we help ourselves.

YOU'RE DREAMING:
…when the face is peeled off
and only the head remains,
to be seen right into
if there is anyone to look…

Such is the face you raise above
the line of trenches.

SNÍVA SA TI:
Kamsi ta vezie transport,
plačeš.
Priatelia, lebo aj tam sú priatelia,
ťa utešujú.
Ale plačeš.

Zobudíš sa,
oči máš suché,
ale ten plač trvá.

SNÍVA SA TI:
Traja kňazi idú zaopatrovať.
Za bránou nemocnice
odložia monštrancie,
vyhrnú kleriky,
umývajú si čižmy, celé od blata.
Na chudých nohách
dlhé čierne čižmy.

Narovnajú sa,
z tvárí im opäť opadáva krv.
Berú monštrancie
a idú.

Si jedným z nich.
Bojíš sa umierajúcich.

DÁVKOVANIE

Všetko plynie, teplo sa chveje,
dym odchádza, oheň zostáva.

Celé noci sa pokúšaš
rozdeliť zlo na menšie
denné dávky, stráviteľné,
ktoré žlč rozloží,
pot vyplaví.

YOU'RE DREAMING:
The transport's taking you somewhere,
you weep.
Friends, for here too are friends,
console you.
But you weep.

You'll wake
with your eyes dry,
but that weeping goes on.

YOU'RE DREAMING:
Three priests are going to give the last rites.
Outside the hospital gate
they'll put down the monstrances,
roll up surplices
and wash their boots, muddied all over.
On skinny legs
long black boots.

They'll straighten up,
blood draining back out of their faces.
They'll take the monstrances
and go.

You are one of them.
You fear the dying.

DOSAGE

Everything flows, heat trembles,
smoke departs, fire remains.

Nights long you attempt
to divide evil into smaller
daily dosages, digestible,
which the bile will break down,
the sweat will wash out.

Ráno sa zobúdzaš skrkvaný,
ale celý.

Z RÁD

Nasaď si čiapku pevne,
aby si udržal pohromade nielen vlasy.

Dom, náveterný dom,
sa trasie v základoch
a poschodie je už skoro na odlete.

Vietor, ktorý dáva a odníma
v takom rýchlom slede,
že sa stále ešte tešíme na to,
čo už bolo,
prúdenie, v ktorom hlava
sama sa stáva vetrom, aby to postihla,
pohyb, ktorý je vodorovným nič,
prázdnom, ktoré má smer...
je nepokoj.

Keď si nasadzuješ čiapku,
to medzi tvojou pravou rukou
a ľavou rukou
je hlava.

ZVIERACIE

Z ľudského tela vyrastá pradávna zvieracia tvár.
Vidí a rozumie a rozhoduje sa,
je to už naša tvár, náš softver i softwehr,
s telom kompatibilný. Tvár!
Zdá sa nám: jej hĺbka je závratná, jej pamäť
siaha až k papyrusom, jej spoje
tvoria svetovú sieť. Sieť!

In the morning you wake up crumpled
but whole.

FRAGMENT OF COUNSEL

Put your cap on firmly,
so that you keep more than your hair together.

The house, the windward house,
quakes in its foundations,
by now this floor is almost flying off.

The wind which gives and takes away
in such quick succession
that we're always looking forward to
what has just been,
the current in which the head
itself becomes a wind chasing it down,
the movement that's a horizontal nothing,
a vacuum with direction…
is trepidation.

When you put the cap on,
what's between your right hand
and left hand
is the head.

THE ANIMAL SIDE

Growing from the human body there's a primeval animal face.
It sees and understands and comes to a decision,
it's our face by now, our software and *softwehr*,
compatible with the body. Face!
To us it seems: its depth is dizzying, its memory
reaches to the papyri, its links
form a worldwide network. Net!

Smrť bez hĺbky. Zvieracia smrť.
Dieťa má Boha za sebou, ale pred sebou
možno zvierací život, pomalú smrť v obojku. Milióny
tak prežili, zúfali si, hnev nimi triasol,
ani deň neboli vtáčence medzi ľaliami.
Bičovaný kôň ťahá, aby nepadol,
tak človek pracuje.
Miluje nie v čase na lásku, večnom a priaznivom,
len ako príležitosť, momentka. Čo pokusov o zmenu,
o odlíšenie! O zázrak ľudského života,
ktorý by bol ozaj ľudský a trošku možno
i božský. Ak by sme ozaj uverili v svoju dušu –
i smrť by mala vážnosť i život cenu.
Je hrozné nebáť sa smrti. Je hrozné žiť
a zahanbovať aj svoju zvieraciu tvár.
Zvieracie u zvierat je múdrejšie
a zjavne lepšie,
chvíľami šťastné.
Sme takí zlí, že dobré
nás straší?

ĽUDSKOSŤ

V lístkoch okvetia, v srsti zvierat, v dotyku kôry
hľadáš svoju ľudskosť – čím si lepší.
Akoby len na tom záležalo.
Sme blízki zvieratám, ale ony
idú opačným smerom, naše spoločné poznanie je len dotyk
na dlhej ceste. Teplý dotyk, nepochopená mäkkosť.
Medzi ríšami.
City sa vždy uzdravia. Ale storočia prenášaná etruská

nádcha

už tu zostane. City
sa uzdravia. Ak v tebe duša je len ako lieh
v nápoji – vsiakavá, vyprchávajúca?
A toľko bravúrnej krutosti,
ako keď si pohladíš fúzy ešte z kuruckých vojen!
Hľadáš svoju ľudskosť a modlíš sa, kiež je.
No všetky svoje skutky nazvali sme osudom –

Death without depth. Animal death.
The child has God behind him, but before him
perhaps an animal life, slow death in a collar. Millions
lived thus, despaired, anger shook them,
even for a day they were not little birds among the lilies.
The whipped horse pulls so he will not fall,
thus man works.
He loves not in the time for love, eternal and propitious,
but only on fleeting occasions. How many attempts
at change, at distinction! At a miracle of human life
which would be human indeed and maybe a little
divine. If we really believed in our soul –
even death would have gravity and life its worth.
It is frightful not to fear death. It is frightful to live
and shame even one's animal face.
Among the animals what's animal is wiser
and evidently better,
happy at moments.
Are we so evil that good
appals us?

HUMANNESS

In flower petals, in animal fur, in the touch of bark
you seek your humanness – what makes you better.
As if only that mattered.
We are close to the animals, but they
go the opposite direction, our common awareness is only a touch
on a long journey. A warm touch, an uncomprehended softness.
Between empires.
Feelings will always heal. But carried down centuries, the Etruscan
                                                              head-cold
is with us still. Feelings
will heal. If the soul within you is only like alcohol
in a drink – permeating, evaporating?
And all that bravura cruelty,
as though you were still tweaking your Turkish wars' moustache!
You seek your humanness and you pray, I wish it may be.
But to all our actions we give the name destiny –

čin mimo nás. Načo sa teda kajať,
keď osud zasiahol ako osud, a my sme sa po ňom len obzreli
a skameneli? Rozhodnú
stupňové žalmy medzi nocou a ránom.
Je čas pravdivého, len poznať slová,
ktorými sa vyjadrí.

a deed beyond us. What's to repent of, then,
when fate intervened as fate and we only looked round in its wake
and turned to stone? Decisive will be
the psalms of the hours between night and morning.
It is the time of veracity, if one knew
how to put it in words.

MILA HAUGOVÁ

PHOTO: BHX LOHMER, AUSTRIA

MILA HAUGOVÁ, born in 1942 in Budapest, spent her childhood in Slovakia. She studied at the Agricultural University in Nitra and after graduating worked as an agronomist for a short time. From 1965 to 1985 she taught at a number of schools, most recently at an elementary school in Bratislava. During the decade 1986-96 she worked on the editorial board of the literary magazine *Romboid*, following which she retired. She lives alternately in Bratislava and in the village of Zajačia Dolina.

Her published poetry collections are: *Rusty Clay* (1980), *Mutable Surface* (1983), *A Possible Tenderness* (1984), *Clear Days* (1990), *Primal Love* (1991), *Nostalgia* (1993), *Lady with a Unicorn* (1995), *Alfa Centauri* (1996), *Winged Woman* (1999), *Closed Garden*, *Genotext*, *Atlas of Sand* (all 2001), *Archives of the Body* (2004), *Target(s)* (2005), *Plant with a Dream: Vertical* (2006), *White Manuscripts* (2007), *Disappearing Angels* (2008).

A selection of her work in English was published in 2001 by Arc Publications under the title *The Scent of the Unseen*.

She translates poetry mainly from English and German and has prepared selections from the work of Sylvia Plath, Ingeborg Bachmann, Sarah Kirsch and other authors.

DCÉRE O LÁSKE

Nemôžem ti o tom povedať nič,
ale pred dverami raz zastane tvoja cesta,
a ty si nebudeš smieť vziať ani svoje šaty,
nebudeš smieť pozdraviť matku, otca,
bezmenná dostaneš meno,
otvoríš,
v náhlej krátkej trhline uvidíš
temné, nepriezračné vody,
odraz matnej hviezdy,
to milované, nepoznané,
a nestihneš viac,
len pootvoriť pery.

ZÁHRADA: SRDCE LÁSKY

možno… túžila po rozdvojených
upravených chodníkoch

možno… túžila po vode vyvierajúcej
z machu (zamat a nežný poprašok
výtrusov)

možno… túžila zvoliť si a naplniť
rozdelenie: prišiel on a bolo
všetko celistvé

možno… túžila po opakovanej
stope. kopytá prezimujúcich
laní v snehu bez jedinej
kvapky krvi

možno… túžila po úkrytoch lesa.
zrieknuť sa pohybu darov;
prijať jeho nenahraditeľnú
jedinečnosť

TO MY DAUGHTER ABOUT LOVE

I can't tell you anything about that,
but one day your journey'll stop outside a door,
and you won't have time to take even your clothes,
you won't be able to greet mother or father,
nameless you'll receive a name,
you'll open,
in the sudden brief fissure you'll see
dark, inscrutable waters,
reflection of a hazy star,
that which you love, unknown,
and all you'll manage is to
slightly part your lips.

GARDEN: HEART OF LOVE

perhaps… she longed for branching
tended paths

perhaps… she longed for water spurting
from the moss (velvet and tender powdering
of spores)

perhaps… she longed to choose and to fill
separation: he arrived and everything
was whole

perhaps… she longed for the recurring
track. hooves of hibernating
hinds in snow without one single
drop of blood

perhaps… she longed for the shelters of the forest.
to renounce the movement of gifts;
to accept his irreplaceable
uniqueness

NESPAVOSŤ

zvieratko ktoré prosí očami
líha si blízko mňa na vankúš modré a
    hladké. som unavené hovorí.
budem tu s tebou. chcem tu byť s tebou
    túžba je náznak každého činu
poznanie a láska cesta ktorá sa
    hýbe s telom. dôvody srdca
chcem tu byť s tebou

SEPTEMBER

v priesvitnom lese padajú listy
na torzá tiel ktoré sa milujú
všetkým tým čo ešte zostalo

oceán hltá vlasy ústa stony
svetlo preniká na dno
modlitba prosba
premena čisté trvanie

pozorná voľba: zima
ikona v čistej krajine

* * *

som biela hmla napĺňajúca údolie.
blúdiace temné zviera.
plačem aby už nikto nezomrel

nachádzam iba blúdiace zviera v bielej hmle - - -

INSOMNIA

    the little beast that begs with its eyes
lies down near me on the pillow blue and
    smooth. i'm tired it says.
i'll be here with you. i want to be here with you
    desire is the portent of every deed
knowledge and love the road which moves
    with the body. reasons of the heart
i want to be here with you

SEPTEMBER

in a translucent forest leaves are falling
on the torsos of bodies that make love
with all that was still remaining

the ocean swallows hair mouth groans
light penetrates to the sea floor
prayer beseeching
sea-change pure endurance

vigilant choice: winter
icon in an immaculate countryside

    * * *

i am the white mist that fills the valley.
a straying dark animal.
i weep so that no one shall die

i find only a straying animal in the white mist - - -

PRIESVITNOSŤ

(tvár medzi dvoma čiarami)
všetky masky sú vhodné

posúvam miesto pohybu vecí
(túžba zmeniť: nepozeraj

utekaj) nikto sa neobzrie vtedy
tento ťa nemiluje. nevie ťa.

opusti ho spolu so sebou. všetko
čo nepotrebuješ opusti. nebudeš

v prvom riadku viny. jeho pokožka
pod mojím detstvom. túžba objať ho

lebo je zlý. riverbed. bachbett.
dýchaj hlboko na dne potoka.

príď ku mne. kde presne sa práve
nachádzaš. milovať. tieto pobrežia.

jeho smiech ako arkády. odpustím
zlé slová.

> *4.2.2004*

TESNE

znovunájdené gesto: na dne ligot: ruža
dieťa s večnosťou smútku
hortus conclusus:
svet zložený z viet ktoré sme chceli povedať
a nepovedali sme:

> daj svoje krídlo vetru
> cit leží v hrdle
> piesok sa zahojí vodou
> čakám. ako nepovieš nie
> odíď a zamkni svetlo

TRANSLUCENCY

(face between two lines)
all masks are convenient

i shift the place of things' movement
(desire to change: do not look

flee) no one will look round then
he does not love you. he does not know you.

leave him along with yourself. all
that you don't need abandon. you won't be

in the first line of guilt. his skin
under my childhood. desire to embrace him

because he is bad. riverbed. *bachbett.*
breathe deep on the bed of the stream.

come to me. where precisely you happen
to be now. to love. these seashores.

his mirth like arcades. i will forgive
evil words.

4.2.2004

CLOSELY

newly-found gesture: glitter on the stream-bed: rose
child with eternity of sorrow
hortus conclusus:
world compounded of sentences we wished to say
and did not say:

   give your wing to the wind
   feelings lie in the throat
   sand will be healed by water
   i wait. for how you won't say no.
   go and lock up the light

zrkadlo ktoré neprekročí smrť
dlhá cesta sťahovanie súdržnosť
jasnozrivých tiel okolo mňa nerovnaké zrkadlá
nerovnaké odrazy: Pane, pomôž mi rozoznať ich
ruža   živá bytosť   tiché sklo   laň

TERČ PRE SNÍVAJÚCU

bude ťa znova počúvať
bude ťa znova milovať
bude ťa znova
nesmieš sa zbudiť

TERČ DÝCHAJÚCA IZBA

šaty predtým položené na strome zavesené v skrini.
tichulinký posun toho vonku. sem dovnútra.
prenášam si izby s tridsaťročným dychom. vždy tú menšiu
dávam dovnútra bližšie k srdcu. ako znova zavesím obrazy?
kde bude stáť písací stôl, sťahujem sa do svojho predchádzajúceho
života (k detstvu ktoré je teraz s mojou matkou) dýchajúca izba
dych zadržiavajúci dom. držím sa svojej dcérosteny.

hovorím k (jej) hlasu bez hlasu. hovorím k hlasu všetkých hlasov.
splýva mi cesta a cieľ. uložiť (sa) ako.

mirror which death won't step over
long journey moving house togetherness
of clairvoyant bodies round me unequal mirrors
unequal reflections: Lord, help me distinguish them
rose   living being   silent glass   hind

TARGET FOR A WOMAN DREAMING

he will listen to you again
he will love you again
he will for you again
you must not wake up

TARGET BREATHING ROOM

clothes earlier placed on a tree hung in the wardrobe.
tiny hushed movement of what is outside. within me.
i shift around rooms with a thirty-year breath. i put the smaller one
always nearer the heart. how shall i hang my pictures again?
where will the writing table be, i move into my former
life (to childhood that's now with my mother) room breathing
home holding its breath. i hold onto my daughterwall.

i speak to (her) voice without voice. i speak to the voice of all voices.
(my) journey and purpose merge. to place (myself) how.

TERČ PRE LUKOSTRELKYŇU

neľútostná samozrejmosť
(smrti) pritlačená čelom k hladkému kmeňu
v ktorom sa chveje úzky šíp prsty
hladkajúce (habkajúce) ho nevedia
vytiahnuť vysoko vták splýva s vtákom
s nesmiernym tajomstvom
(vrhajú jediný tieň)

TERČ PRE BOLESŤ

prestalo by to bolieť keby si vedela správnu
polohu schúlená na boku dlane schované medzi
stehnami hlava naklonená ku kolenám uzavretý
kruh špičky prstov na nohách jemne natiahnuté
(dievčatko) unavené dievčatko ktoré nemôže
nájsť svoje dvere celý dom sú dvere
bolesť je len tvoja hovorí si nehovor nikomu
nemá to význam nehovor nikomu (túžba ako
vôľa) (vôľa ako túžba) schúliť sa za tvojím
chrbtom umiestniť si kolená pod tvoje kolená v
rovnováhe jedno nad druhým jednu ruku vsunúť
pod teplú pazuchu druhú k spiacemu pohlaviu
zaspať neobracať sa usmiať sa v zvinutom
labyrinte tiel a zabudnúť

11.1.2004, 19.46

TARGET FOR A BOWWOMAN

the merciless self-evidence
(of death) forehead pressed to the smooth trunk
where the slender arrow is quivering fingers
touching (feeling) cannot pull it
out on high a bird merges into a bird
with boundless mystery
(they cast a single shadow)

TARGET FOR PAIN

it would stop hurting if you knew the right
position coiled on your side hands concealed between
thighs head inclined to knees closed
circle tips of toes gently stretched
(little girl) weary little girl who cannot
find her door all the house is a door
pain is yours only she tells herself do not tell anyone
there's no point don't tell anyone (desire as
will) (will as desire) to crouch behind your
back to position knee under knee in
equilibrium one over the other to shove one hand in
under the warm armpit the other to the slumbering sex
to sleep not to turn to smile in the tangled
labyrinth of bodies and forget.

11.1.2004, 19.46

TERČ PRE JEDINÉHO

si jeden a jediný
tvojou oceľou sa vinula
tvrdá cesta ako špirála skrutky
nechali sme za sebou všetko
tam sa zmocňujú našich tieňov
matná blízka bledá ruža
milovaný vzdialený vrch
Dobrač nikto nás už nebude
rušiť   pes pri mojich nohách
vzdychne   zdá sa že sme od domu
veľmi dlho ďaleko

predsa smrťou sa život nekončí?

TERČ PRE SPOLOČNÝ ČAS
pre MDE

ústa hovoria čisté
do správnej polohy
si schránka a zviera
vidíme sa kryštálovo
čisto nehybnosť je
pomaly sa tvarujúci
odchod darovali sme
si najlepšiu bolesť
nášho života

21 marca 2004

TARGET FOR THE UNIQUE ONE

you are one and unique
with your steel a hard road
has wound out like a spiral screw
we have left everything behind us
where they're possessing our shadows
dull intimate pale rose
beloved far-off peak
Dobrač no-one will bother
us again   the dog at my feet
will sigh   it seems that we're very far
distant from home

but then life doesn't end with death?

TARGET FOR TIME TOGETHER
   for MDE

the mouth speaks purely
to the correct position
you are casket and animal
we see each other crystal
clear immobility is
the slowly forming
departure we have given
ourselves the best pain
of our life

   21 March 2004

* * *

Levitácia

Vidím to okolo: sekundy   Predĺžený raster
Čas akoby postavený proti rýchlosti svetla: nočné zábery
                                                    prázdne letiská autá vlaky
Lucidné priestory večnej premávky

Dytiramb

Tvár spiaceho čínskeho dieťaťa ako v sebe mlčky uzavretá
                                                    planéta putujúca
a vzďaľujúca sa vo Vesmíre…

* * *

…chcem aby si vedel že si milovaný
a nie si sám: plynutie: krása intervalových
vzťahov: zaviaž mi oči plávaj so mnou
v tom istom jazere (nech je spoločný úzky čln)

Nedovoľ času prestať dýchať   Keď
kobaltový mesiac   a   svetlom roztlmená rieka
zovrie / zavrie sa vo mne srdce: čo milujem mám
nechať voľne plynúť Ak sa ku mne (znova) vráti
bude mi patriť navždy   Nič neumiera
                Len na chvíľu   A znova sa objaví

…akoby teplo bolo iba z príprav… na spánok
                                        na zimu…

* * *

Levitation

I see it around: seconds   The elongated grid
Time as if counterposed to the speed of light: night snapshots
empty airports cars trains
Lucid spaces of eternal transport

Dithyramb

Face of a sleeping Chinese child as if silently sealed in itself
planet wandering
and receding in the Universe…

* * *

…I want you to know that you are loved
and you're not alone: the flow: the beauty of interval
relationships: bind my eyes sail with me
in the same lake (let's have a narrow barge for two)

Do not let time stop breathing   When
the cobalt moon   and   the river soothed with light
clasps / closes the heart in me: what I love I ought to
allow to flow freely If it (once again) comes back to me
it will belong to me forever   Nothing is dying
Only for a while   And it will appear again

…as if warmth came only of preparations… for sleep
for winter…

* * *

Ako si zvykám
Ako objímam tvoju neprítomnosť
Čo raz bolo skutočné je (znova) možné

    hľadáme sa a milujeme na všetkých možných miestach

Na chvíľu sa nedotýkaš zeme Akoby si nebol
Zakryješ telom slnko   sprisahané nebo
                skok (tvoj)
                        Levitácie živých
Porovnanie je možné len so zvieraťom

    vláčny pohyb šeliem strhujúcej nevypočítateľnej
          inteligencie
                    Terra mystica

10.8.2008 Siebenbrunn (nad prameňom)

FRAGMENTY MIZNUTIA JEDINEJ REČI LÁSKY

Fragmenty miznutia jedinej reči lásky
čítam a zároveň píšem nevnímam ako
miznú dni; v spätnej slučke času
len noci dni; raňajky obedy večere
a kdesi jeden krátky deň šťastia so
siedmimi prameňmi (preskočím dva)
chodník cez les s očami stáda chladno-
krvných koní; palicou vo forme hada
skúmaš hadí chodník; na konci cesty
divé cyklámeny; černice
                   dole naše spomalené
telá v matnej jazernej vode
zo severu chladný les
         z juhu nežný nov mesiaca

vo svetle augusta vidíme ako raz
         prejdeme na druhý breh
cez červený plisovaný vodopád

* * *

As I grow accustomed
As I hug your absence
What once was real is possible (anew)

    we seek each other and make love in all possible places

For a moment you won't touch earth As if you weren't
Your body'll eclipse the sun   accomplice heaven
                leap (yours)
                       Levitations of the living
Comparison is possible only with an animal

    supple movement of beasts   of the ravishing unpredictable
             intelligence
                  Terra mystica

    10.8.2008 Siebenbrunn (above the spring)

FRAGMENTS OF THE VANISHING LANGUAGE OF LOVE

Fragments of a vanishing language of love
I read and at the same time write I am heedless
how the days vanish; in the backward noose of time
only nights days; breakfasts lunches suppers
and somewhere one short day of happiness
with seven sources (two I'll overleap)
the pathway through the forest with eyes of a herd
of cold-blooded horses; poking a snake-shaped stick
you test the snaky path; at the end of the way
wild cyclamens: brambles
                      lower down our sluggish
bodies in dull lake water
from the north a cold forest
            from the south the tender form of the new moon

in August light we see how once
         we shall cross to the other shore
through the red pleated waterfall

FRAGMENTY MIZNÚCEHO
TERORU DETSTVA (REČI)

Fragmenty miznúceho teroru detstva (reči)
Žena ktorú poznáš. Krajina v dennom
svetle. Tie nočné sny (ľahké nočné mory)
už nechceš. Len tie svetlá. Keď si sa vrátila
z detského do nechceného sveta. Porcelán
a politúra (pretretá kyanidovou vôňou
marhuľových semien). Vždy zo sna len
krátko zobudená: „Kde si zasa bola? Hol
voltál?" Povieš len. Tam. Tu. Doma. Kým
v lese smútili za tebou   maliny
z kože zvlečené mladé hady   drobné kuny.

                    Ako za úteky prestať trestať?

BLÍŽENCI

    1
Akoby more
V hmle vystúpilo po hrdlo
A nedovolilo nič
Už nič

    2
Akoby zmizla schopnosť
Prijať a pohostiť troch Anjelov

    3
Odíde
Nevidí a nepočuje
Izba sa rozlieva v bielej hmle
Opustili ho všetky farby
Vrhnuté do záhybu
Bielej poskladanej
Košele

    4
Čas nezomrie

FRAGMENTS OF A VANISHING
CHILDHOOD TERROR (SPEECH)

Fragments of a vanishing childhood terror (speech)
A woman whom you know. Landscape in daylight.
You don't want those dreams of the night
(mild nightmares) any more. Only the lights. When you returned
from the child's to the undesired world. Porcelain
and polish (overlaid with the cyanide smell
of apricot seeds). Always from dreaming only
briefly awakened: "Where've you been? *Hol
voltál?*" You say only. There. Here. At home. While
in the forest they mourned you   the raspberries
young snakes stripped of their skins   little weasels.

How to stop punishing for escapes?

GEMINI

1
As if the sea
In mist came up throat-high
And permitted nothing
Nothing more

2
As if the power had vanished
To receive the Three Angels hospitably.

3
He'll go
He doesn't see and won't hear
The room is flooded in white mist
All colours have abandoned him
Thrown into the crease
Of a folded white
Shirt

4
Time shall not die

5
Dom vrátane
Okien a dverí nás príjme
Potom sa priviniem
K tebe (*Zwillinge* povieš)
A navždy sa usmeješ

LAMENTÁCIE 5

Inteligencia skrýše
Je to čistý labyrint
Ostrovy sústredené k horizontu
(spln sa ťažko vlečie lastúra podobná palete farba je
nepreniknuteľnou perlou) cítiš teror detstva dýchať do svojich
cieľov Anjela vidím v sklenom výťahu v klietke medzi
poschodiami kde odpočíva moja unavená duša zbavená toho
všetkého čo sa každodenne vznáša nad nami ako spomienka
zápis veta: krása opakovaného krása intervalových vzťahov
medzistaníc a pravidiel gramatiky tela: Ty krehká a priesvitná
ešte raz prejdeš živým zrkadlom k absolútnej pamäti Boha;
požiadaš ešte o jednu hladkú ligotavú zrkadliacu plochu
aby si na ňu znova predstierajúc starý spánok v čistej
spomienke ešte raz navždy zabudla

Dellach Gail 4.1.2008, 15:50

5
The house including
Windows and doors will receive us
Later I'll snuggle
Up to you (*Zwillinge* you'll say)
And forever you'll smile

LAMENTATIONS 5

Intelligence of the hiding place
That's a pure labyrinth
Islands concentrated towards the horizon
(full moon hauls itself oyster like a palette colour is
an impenetrable pearl) a childhood terror's breathing on your
goals I see an angel in the glass liftcage between
floors where my weary spirit rests released from
all that which daily rises over us like a memory
record, phrase: beauty of the repeated beauty of interval relationships
way stations and rules of the body's grammar: fragile and translucent you
will pass once more through the live mirror to the absolute memory of God;
you will ask for one other smooth glittering mirror surface
so that upon it newly feigning old sleep in pure
recollection you may once more forever forget

Dellach Gail 4.1.2008, 15.50

IVAN ŠTRPKA

PHOTO: PETER PROCHÁZKA

IVAN ŠTRPKA was born in 1941 in Hlohovec. He studied Spanish and Slovak at the Philosophical Faculty of Comenius University in Bratislava. While still a student he was on the editorial boards of the literary periodical *Mladá tvorba* and the magazine *Kultúrny život*. Later he was an editor in Slovenský spisovateľ and Tatran publishing houses. From 1973 to 1986 he worked as a script editor in Czechoslovak Television in Bratislava and later was editor-in-chief of the social magazine *Flights of Youth*. When *Literárny týždenník* made its appearance in 1988, he became deputy editor-in-chief. After the revival of *Kultúrny život* he worked as its editor-in-chief until it folded again in 1993, when he became a freelance writer. Since 2000 he has been editor-in-chief of the literary magazine *Romboid*. He lives in Bratislava.

His published poetry collections are: *The Brief Childhood of Lancers* (1969), *Tristan the Gossip* (1971), *Now and Other Islands* (1981), *Prior to Metamorphosis* (1982), *News from an Apple* (1985), *Everything is in the Shell* (1989), *Beautiful Nude World* (1990), *Location, South-west. A Mother's Death* (1995), *Interludes. Dolls Shorter by a Head* (1997), *Master Mu and the Women's Voices* (1997), *Baby; A Crisis, Voices and Other Poems* (both 2001), *25 Poems* (2003), *Silent Hand. Ten Elegies* (2006), *Psychopolis, Thin Ice* (2007).

He has also published a selection of song lyrics, two essay collections and a novel.

OSTROV

Už boli na snímkach
nedeľné výlety na výskajúcich lúkach a my zaliati
dobrom
v objatí tých čo nás sem priviedli

A vyvolávajúc ich do neprítomnosti
dlhou tmou chodby
prebehnúc
šeplo na nás zlo len čo sme jazykom pohli a obledli

„Čia je to krv?" nikto nevyslovil

(Bubienky krvi ešte zaviate)

Prežil som zimu v kúpeľni
čistý ako sneh sám sebe padajúci nevediac
o zrkadlách hlboké omše slúžil
Súbežná hudba plynula z mojich úst
(zvonček sa vynoril)

Pohľadom nevidené
Divadlo začínalo

Priestor sa zlial Nesúzvučné
veci (pohýbané tušením) kládol som
do prúdu svetla
Jasne mnou prechádzalo

Spočívajúc na nich
preprúdilo do prázdna
(Tvárou dovnútra) (Vonku) (Za sklom)
(Zrádzajúci herci) (Plavé vlasy)

Len vnútri nehybnosti ustrnulo predlaktie
pravdepodobnosti skutku

A v bielych stenách žiadnej hrany kde by som sa
ukryl pred ničím

A nevedúci

Tichý film bez milosti bežal nado mnou

ISLAND

Gone were the photographed
Sunday outings in the merry-making meadows and ourselves drenched
with goodness
in the embrace of those who had brought us here

And as we called them forth into non-presence
running down
the long dark corridor
evil whispered at us the moment we moved our tongues and blanched

"Whose blood is that?" nobody spoke the words

(Kettledrums of the blood still snowbound)

I spent winter in the bathroom
clean as snow that falls on itself not knowing
of mirrors I performed profound Masses
Simultaneous music flowed from my mouth
(the bluebell had come up)

Unseen by the gaze
The spectacle began

Space fused I placed
discordant things (moved by presentiment)
in the current of light
Brightly it passed through me

On these dependent
it flowed through to the void
(Face inwards) (Outside) (Behind glass)
(Treacherous actors) (Blond hair)

But the forearm of the deed's possibility turned rigid
within immobility

And the white walls had no corner where I might have hidden
before nothing

And unknowing

The silent film without mercy ran on over me

To on ma unášal a znehybňoval snímal
                                    do nepretržitosti pohybu
uplýval krutosťou svetla podmýval plynul
                                        zneprítomňoval
a vzďaľoval k okamihu môjho zotierajúceho oka
(Čo možno vidieť? Nemota
videnia je videním)

(Vidieť sa biely)

(Vody sú na jazerách
za sklom dážď zotierajú
gaštanové listy)

A ty si vtedy ešte bola bledá Nebola si
Tvoje čierne vlasy ešte rozviate v plavej ničote

Čo rástlo pod príkrovom?
Za dlhých jázd v sladkej nehybnosti
trvajúci
nesúci v sebe neukončiteľný rozmer
pohyblivý teda popierajúci inovať Boha
Krajina (cudzia) menila sa a uplývala
                                    (v mojej nehybnosti)
(Nad modrými riadidlami som sa chúlil)

To ono samo rástlo v orosených zrkadlách

(Steny sa rozstúpili
sledoval som ďalej ligotavú stupaj sestry)

(Bubienky krvi ešte zaviate)

A na mostíku (od seba k sebe) striehnuc
kedy sa mi pred očami z rinčiacich
                                    odleskov pohybu
zrodí
kvitnúce nešťastie

(Trvajúc len v tých pohyblivých zrkadlách)

It swept me off and paralysed me took me away
                                        to incessant movement
passed with the cruelty of light eroded flowed
                                    tore from the present
and removed towards the instant of my erasing eye
(What can be seen? Muteness
of seeing is vision)

(To see that one is white)

(Waters are in the lakes
behind glass
the chestnut leaves
are rubbing away the rain)

And you were then still pale You were not
Your black hair still streaming in blond nothingness

What has grown under the pall?
During long trips in sweet immobility
remaining
bearing in itself an interminable dimension
movable hence denying the hoar-frost of God
The (foreign) land changed and passed by
(in my immobility)
(I huddled over blue levers)

That same thing grew on misted-over mirrors

(The walls burst open
I followed further a sister's glittering footprint)

(Kettledrums of the blood still snowbound)

And on the bridge (from self to self) lurking
when will the bloom of misfortune be born
                                    before my eyes
in the clattering
shimmers of movement

(Remaining only in these movable mirrors)

A usínal som s morou tajomnej prítomnosti
obrazov na tmavnúcom dreve nábytku
(Slabnúce) (kroky predkov) (tvary bytostí)
a ráno
precitajúc na schodoch toho domu
bez meča bez spomienky
s mäkkými vlasmi
zaliaty svetlom
navždy

VZBÚRENCI V BEZVETRÍ

Čo zotiera a vracia
K prázdnej mise údolia
(Pahorok hranou hudby je nedostupný pre útek)

Tmou sídlo praská

Nik nezavolá prekročené čiary na ústach

Myseľ vyblednutá planie
(vyprahnutosťou dňa hra hrana nabrúsená)
Nie zastieranie
Nie krok

(Za priezorom
v kameni dážď)

Sklá pozerania mlčky zotierame
Kým naše ostré odrazy nepoprie vlažný dych

V myslenom vetre
ostré zrnko bežca
zaškrípe

(Deň Rozlial sa
Priesvitní vtáci čelo preťali)

And I dropped asleep with a nightmare of the mysterious presence
of images on the furniture's darkening wood
(Fading) (steps of forbears) (forms of beings)
and in the morning
waking up on the stairs of that house
without sword without recollection
soft-haired
drenched with light
forever

MUTINEERS IN THE DOLDRUMS

What erases and restores
to the valley's empty dish
(The hill at the edge of music is unreachable for escape)

The mansion bursts with darkness

No one will call back the trespassing lines on the mouth

Pallid thought flares up
(by the day's drought the edge is honed)
Not a veiling
Not a step

(Behind the spyhole
in the stone rain)

Silently we wipe the looking glasses
till tepid breath denies our sharp reflections

In an imagined wind
the sharp grain of the runner
will grind

(Day Poured itself out
Translucent birds cut through its brow)

MODRÉ SPÁNKY KOPIJNÍKOV

Sídla sú stále Hrany zaobľuje
vnútorná hudba Obrazy
na sietnici unikajú Noc
vpláva do člnov kopijníckych očí

Brnenie prázdne kvíli vo vetre

Cesty vedú k spočinutiu

(Horúčka dohasína)
(Vzdialená katastrofa)
(Tvár rozpraskaná)
(Tichí sú letci)

V sebe je skrytá škvrna čo ostro
skríkla nad krvou
úderom meravejúceho krídla
Bielym predlaktím sa plavím

A márne zotieranie na sklách odrazov
Krajina samu seba obsahuje
prúd za mnou trvá

neprítomný
nemý
(vlna trúbi) (a sklo sú slzy)
Z nánosov zrodeneckej rieky sa usadzuje kráľ
zrná bolestivo víria
clona rozkmitaná sa zdvihla – Chrbát
modrá preliačina v ozvenách ríše

Piesok zraku škrípe v bitkách slnka
Tam som vhĺbil
vyprahnuté stopy

(Kto nežne uchováva)

(Pod chladom)

(Sú ponorené člny)

Podriečne viečka zmysluplno uzavreli pálčivé kroky

THE BLUE TEMPLES OF LANCERS

Mansions are permanent Edges are rounded
by interior music Images
on the retina escape Night
will glide into the barges of lancers' eyes

Hollow armour wails in the wind

Roads lead to repose

(Fever burns out)
(Far-off catastrophe)
(Face cracked asunder)
(Quiet are the airmen)

In the self there's a hidden stain that piercingly
screamed over blood
with a blow of a wing going rigid
By white forearm I sail

And futile that wiping the glasses of images
Landscape contains itself
the current behind me remains

absent
mute
(the wave trumpets) (and tears are glass)
From the native river's sediment a king takes his throne
grains painfully whirl
the quivering screen is raised – Ridge
blue declivity in the empire's echoes

Sand of the eyes grinds in the sun's battles
There I dug deeper
the desiccated tracks

(Who tenderly keeps)

(Under cold)

(Submerged are the barges)

Underriver eyelids meaningfully sealed the urgent steps

k prasklinám skla
A na sietnici vystupuje hudobnosť sídla
tvary spočinutia plávajú
obraz sa upevňuje
trvácnosť sídel spánku cítia pred zrakom
svojho spánku

(Nesiahaj
vietor vyvoláva obraz ale neznačí
Je nehybný)
A lesklé zimné snímky princa na stenách
domu spánku
sú nehybnosť –
Otvára hlbší priestor:

Aj tu je stopa princa neprítomná priepasťou
povetria
Chvíľa
je meravá

Sídla sú na obzore Zvonka Navždy nedostupné
Ich odlesk stráži mráz

(Kde viedol pohyb vedomia mrazí tichá niť plaču)

Belavá hlava princa sa na obzore skrýva
Plná
iných hraníc

Vojsko v bielom predlaktí z nich nepokojné
Je zoťaté

Už skoro cítiť vôňu snehov nadoblačnú

(Šum cez priestor)

Údery zotínania teraz dotlievajú v mĺkvej hlave –
(Bytie už iba v ozvenách V tých chodbách
blúdiš So štítom Vlastným vedomím

         to the fissures of glass
And on the retina the mansion's harmony arrives
forms of repose are drifting
the image is made firm
before the eyes of their sleep they feel the permanence
         of sleep's mansions

(Do not reach out
the wind calls forth an image but does not portray
It is immobile)
And shiny winter snapshots of the prince on the walls
         of the house of sleep
are immobility –

It opens a deeper space:

Here too the prince's track is absent from the abyss
         of the air
The moment
is rigid

Mansions are on the horizon From without Forever unreachable
Frost watches over their shimmer

(Where the movement of consciousness led the silent thread of weeping freezes)

The prince's white head is hidden on the horizon
Full
of other frontiers

An army in the white forearm disquieted thereby
It is lopped off

Already one almost feels the scent of snows above the clouds

(Murmur through space)

The lopping-off blows now are smouldering out in the taciturn head –
(Being is only in echoes In those corridors
You stray Shielded by your Own Consciousness

Niť
s belosťou princa splýva)

A proti snehu do kopije vrastáš
Až po zmodrané konce prstov

Uchopíš ostrý dej –

a hranice sa rozlejú

(Zmrznutý čln –
Kolíska:

Stopy do seba sú ligotavé)

Sneh
hlavy pokrýva
(Chorľavé dieťa je *najviac* plavé)

MINULOSŤ ZÁMLKY

A dom bol mnohorohý
a neznámy a biely
priezračno cudzí
(Bez odtlačkov)
Zarastajúci chodník k slepým veciam
beží trávou…

KÝM TRVÁ SPOJENIE

V jasnom dni náhle
z napätej nepoznanej rozmazávajúcej sa tváre
(v zámlkách)
tisíckrát za sekundu čítam list, ktorý
nebol odoslaný rukou, ale pohľadom.
Stojí v ňom iba:
Rýchlo…

Thread
merges with the prince's whiteness)

And against the snow you'll grow into a lance
Down as far as the livid fingertips

You grasp the keen event –

and frontiers will spill over

(Icebound barge
Cradle:

Tracks into self are glittering)

Snow
covers heads
(The sickly child is *the* most blond)

THE PAST OF A PAUSE

And the house was many-cornered
and unknown and white
transparently foreign
(Without prints)
A weed-beset pathway to blind things
runs through the grass…

WHILE THE CONNECTION LASTS

In broad daylight suddenly
from a tense unknown indistinct face
(in pauses)
a thousand times a second I read a letter
sent not by hand but by gaze.
All that it says is:
Quickly…

STÁLE NA SEVER

Ešte pár obzretí cez
vánkom obrúsené plece
a budem doma.

Rozliate
okno sa prehlbuje každým pohľadom.
Na ostrove,
ktorý neprestajne mení svoj tvar,
každá vlna sa triešti o iný breh.
V každom poryve si k oknu primýšľam iný dom
s ozvenou iných krokov.

Iný kraj, iný veterník. Vietor
drnčí v prázdnej klietke na vtákov.

Ešte pár obzretí cez
vtákmi opustené plece
a budem doma
v svojich stupajach.

KROKY VTÁKOV

1
Všetko je po okraj. Strom
sa vychyľuje zo seba pod ťarchou chcenia
splodiť nový strom,
znútra jablka sa derie nové jablko,
dvere sú plné dverí
a cesta rodí inú cestu nad oslepnutou zákrutou.

2
Hlavu v záhrade mám plnú snehu, ktorý napadne.
Od okraja po okraj ním zreteľne a jednoznačne
vedú vtáčie kroky.
Pod snehom praská modrá škrupina.

EVER NORTHWARDS

A few more looks over
my breeze-polished shoulders
and I shall be home.

The spilled-over
window deepens with every gaze.
On the island
which incessantly changes its form
every wave breaks on a different shore.
In each jolt I imagine a different house for the window
with the echo of other steps.

Another land, another weathervane. The wind
rattles in an empty birdcage.

A few more looks over
my bird-abandoned shoulders
and I shall be home
in my footprints.

BIRD STEPS

    1

Everything is full to the brim. The tree
diverges from itself under the weight of longing
to beget a new tree,
inside the apple a new apple's boring through,
doors are full of doors
and the journey gives birth
to another journey along the blind, winding pass.

    2

My head in the garden is full of the snow that will fall.
Bird steps lead through it, plain and indubitable,
from margin to margin.
Under the snow a blue shell bursts.

VŠETKO JE V ŠKRUPINE (Úryvok)

1

Všetko je v škrupine – povedalo dieťa. Pre tento prípad to berme prosto ako fakt. Vyjdime z vajca. Vyjdime z metafory. Nepretržitý spor so škrupinou je hybnou silou našej cesty. Vidím tú cestu pred sebou. Celú tú škrípajúcu chôdzu v próze, skladajúcu a rozkladajúcu sa v slede trepotavých útržkov. Ten živý zmätok zvíreného piesku.

Vidím nespavé kmene Strážcov škrupín, rozosiate v horúcich piesčinách i v ústí hvízdajúcich priesmykov. Ich suché ostré lakte, ich ostré viečka, ich úzke bielka prerezávajúce sa cez napäté ticho vlčej tmy. Ich skryté príbuzenstvo s Hráčmi rozrastajúcej sa hry, ktorá sa spomaľuje do nekonečna.

V spore o predstavivosť je spor o škrupinu. Spor so škrupinou. Spor v škrupine.

2

V okne svitá. Z rednúceho šera neurčito vystupuje vlhký posúvajúci sa tvar. Matne sa črtá krehký obrys. Povedomý ženský tvar miernej obliny. Akoby sama vyrastala zo seba. Bezmenná výšina, pakujúca sa na našich každodenných obzoroch. Ten blízky kopec so smetiskom, skládkami materiálu alebo s anténami. Alebo prosto len holý zhluk prestupujúceho sa kamenia, konca sveta a nehynúcej buriny.

3

Veci mám pobalené. Veci. Až teraz vidím, aké hlboké je moje sústredenie na cestu. Veci sú pri mne, ale nedokážem ich vyčerpávajúco opísať. Ponáram hlavu do prúdu iskrivej vody. Vidím jasný zákmit na úpätí Bezmennej výšiny. Vzápätí prepláva mnou ako nevypovedaná odpoveď. Ktorá by mohla byť vlastne nedeliteľnou súčasťou pôvodnej sebaodpovedajúcej otázky.

4

Veci su pobalené. Ešte nasypať zrno papagájom. *Čau*. Nechávam odkaz vo dverách. Svieti tam pri kľučke. A podľa neho to vyzerá tak,

EVERYTHING'S IN THE SHELL (Extract)

1

Everything's in the shell – said the child. For our purposes here let's take that simply as a fact.

Let's emerge from the egg. Let's emerge from metaphor. The unremitting dispute with the shell is the moving force of our journey. I see that journey before me. All that grinding footslog in prose, composing and decomposing in a succession of quivering scraps. That live confusion of the whirling sand.

I see the sleepless tribes of the Guardians of the shell, scattered in burning sand-banks and in the mouths of whistling defiles. Their dry sharp elbows, their sharp eyelids, their narrow eye-whites hacking through the tense silence of myopia. Their hidden relationship with the Players of the proliferating game, which is slowing down to infinity.

In the dispute over imagination there's a dispute over the shell. Dispute with the shell. Dispute in the shell.

2

The window is lighted. Out of the diminishing twilight a moist forward-thrusting form advances uncertainly. A fragile outline traces itself without clarity. Subconscious form of a woman, mildly rounded. As if it grew right from itself. The Nameless Height, recurring on our everyday horizons. That nearby rise where there's a rubbish dump, warehouses or TV aerials. Or simply that naked heap of oncoming stone, the end of the world and the unsuccumbing weeds.

3

I've my things packed. Things. Only now do I see how I am engrossed in the journey. The things are beside me, but I'm not able to describe them exhaustively. I plunge my head into a current of sparkling water. I see a distinct flicker at the foot of the Nameless Height. Suddenly it'll course through me like an unarticulated answer. Which actually might be an indissociable part of the original self-answering question.

4

The things are packed. Still have to throw some grain to the parrots. *Ciao*. I'm leaving a message on the door. There it glows by the doorknob. And it gives the impression that I didn't emerge from inside but akoby som nevyšiel znútra, ale naopak, akoby som chcel vojsť.

A vlastne je to tak. Tak blízko pravdy. Vykročím.

V stopách Fermiho, Malloryho, svištiacich slimákov a bezmenných karaván.

Ale nesypme si piesok do očí. Idem do roboty. Som cestovateľ, som kartograf, som šliapač ciest, som nosič. Som.

Čo narozprávam. Som ty. A stretneme sa.

5

Všetko je v škrupine. Križovatky. Diaľnice. Cesty, chodníky a cestičky. Začínajú sa všade tam, kde práve stojíš. A všade vedie útla cestička. Chvíľu šliapeš po nej a chvíľu ju prešliapavaš. A ona stále ide cez teba.

Dobre je zastať pod šumiacim stromom bez plodov. Zvaliť sa do mladej trávy. Napiť sa vody z púštnej fľaše a mlčky pozorovať tváre druhov z cesty.

Napríklad taký Šerpa. Voláme ho tak pre jeho charakteristický spôsob chôdze. Aj uprostred žírnych rovín kráča stále naklonený dopredu, akoby stúpal do vrchu. Tu na rovinách nám každým krokom odhaľuje kus strmej pravdy. Pozná ju, ale na ňu nemyslí. Je málovravný. Kráča stále vpredu.

Pri strome bez plodov som zmeral zemepisnú polohu. Sme presne na 730. stupni južnej šírky Škrupiny.

GOODBYE, BLUE EYES

Mám uši plné
hladko ustupujúceho mora.
Počujem tenké ryhy na dne
prázdneho pohára z číreho
modrastého skla

the contrary, that I wanted to go in.

And actually that is the case. So close to the truth. I'll step forward.

In the tracks of Fermi, Mallory, slithering snails and nameless caravans.

But let's not throw sand in our eyes. I'm going to work. I'm a traveller, I'm a cartographer, I'm a treader of roads, I'm a bearer. I am.

What I'll relate. I am you. And we shall meet.

5

Everything's in the shell. Crossroads. Highways. Roads, pavements and pathways. They begin everywhere, that's wherever you're standing now. And everywhere there runs a narrow pathway. Sometimes you're treading it and sometimes you're making the trodden path. And always it leads through you.

It is good to stop beneath a murmuring tree without fruit. To roll over in the young grass. To drink water from a desert bottle and mutely observe the faces of your fellow travellers.

The Sherpa, for example. We call him that because of his characteristic gait. Even down in the lush plains he always walks with a forward inclination, as if he were climbing a peak. Here on the plains, with every step he uncovers for us a portion of steep truth. He knows it but isn't thinking about it. He is taciturn. He always strides in front.

Beside the tree without fruit I measured the geographical position. We are precisely at the 730th degree of the southern expanse of the Shell.

GOODBYE, BLUE EYES

My ears are full
of the smoothly ebbing sea.
I hear thin grooves at the bottom
of the empty beaker of clear
indigo glass.

ČO JE NA DNE

V hudbe je každé opakovanie krokom vpred.
Čas trvá, hudba plynie, morská tráva v nej
sa vytrvalo kolíše, zatiaľ čo
ľudský krok váha, nerozhodne
sa zastavuje pred zrkadlom, ktoré
pohlcuje jeho zvuk a zrkadlí
iba svoju prekrikujúcu sa ozvenu. A hrdzavá

bránka škrípe na mieste
v ústrety tieňovým, mĺkvo prehlbujúcim sa
bojovníkom navracajúcej sa jesene.

Posledný svrček v odcestovávajúcej tráve.
Prvý škľabiaci sa kriedový panák, načmáraný
rukou slabomyseľného decka
na chladnúcom dne chodníka.

VÝSTREL SA ZASEKOL NA ÚZEMÍ NIKOHO

Po bielej pláni predomnou sa kolísavo
brodí čosi ako dieťa, celé v bielom. Vytrvalo
sa blíži ku mne po nemom snehu, ktorý
uchováva stopy na území nikoho.
Mám ho už takmer na dostrel. Som
na opačnej strane, predsunutý
bojovník, s chladným okom, s krehnúcim
prstom na spúšti. So zatajeným
dychom, bez zachvenia čakám, kedy sa
priblíži rýchly súmrak a obnaží mi
môj bledý terč ostro na pozadí tmy.
Ale stále len tá istá belosť,
tá istá belosť mi pláva okom,
padá na moju čiernu bdelosť
a na mňa. To isté dieťa v bielom
na bielom sa kolísavo brodí ku mne
až celkom do rána,

WHAT'S DOWN AT THE BOTTOM

In music each repetition is a step ahead.
Time remains, music flows, in it the sea-grass
persistently sways, while
the human step wavers, irresolutely
halts in front of the mirror, which
swallows its sound and mirrors
only its ear-piercing echo. And the rusted

gate creaks in place,
to receive the shadowy, mutely descending
warriors of returning autumn.

Last cricket in the departing grass.
The first grinning chalk figure, scribbled
by hand by a weak-witted child,
on the cooling base of the pavement.

THE GUN HAS JAMMED IN NO-MAN'S LAND

Along the white plain in front of me, swaying,
something like a child is trudging, all in white. Persistently
it approaches me through the mute snow, which
preserves the tracks in no-man's land.
I have it nearly in range. I am
on the opposite side, a vanguard
warrior, cold-eyed, with a stiffening
finger on the trigger. Hushing
my breath, without trembling I wait for
the swift approach of twilight, which will bare
my pale target sharply against the background dark.
But still only that same whiteness,
that same whiteness drifts towards my eyes,
falls upon my black vigilance
and on me. That same child in white,
swaying, trudges on white towards me
right until dawn,

tu, v tejto nekonečne rozostrenej bielej chvíli
pred výstrelom, ktorá sa stále opakuje
na mieste (ktorým môžem byť
len ja).

MAJSTER MU O KRUHU

Čo sa neustále hýbe. A naša
veľká nehybnosť tvárou v tvár
jasnému kruhu Mesiaca v splne,
sediac hlboko na severe
v sebe.

Čo sa hýbe a prepaľuje
našou nehybnou mysľou
čoraz hlbšie. Až nie je.

here, in this endlessly out-of-focus white moment
before the gunshot, constantly repeated
in the place (which can be
only I)

MASTER MU ON THE CIRCLE

That incessantly moves. And our
great immobility face to face
with the bright circle of the full Moon,
sitting deep in the north
in itself.

That moves and burns through
our immobile thought
ever deeper. Till it is not.

PETER REPKA

PETER REPKA was born in 1944 in Bratislava, where he studied at the Engineering Faculty of the Slovak Technical University. For three years he worked as an editor of the literary magazine *Mladá tvorba*, until its publication was halted by the authorities. In the early 1970s he left socialist Czechoslovakia, emigrating to the Federal Republic of Germany, where he joined his wife. There he began a career in business which he still pursues. He lives in Offenbach.

His published collections of poetry are: *Hen in the Cathedral* (1969), *Rail-way* (1992), *Darling Desert* (1996), *Carnival in the Monastery* (2002), *Relics of Angels* (2006).

His book of literary journalism *Arise and Walk* was printed in 1970, but censorship prevented its distribution and the entire edition was pulped. Its second edition appeared only in 1998.

PRIATEĽKA PÚŠŤ (Úryvky)

III

Kvitnú piesky, vlak sa zatúlal.
Koľaje škripia v závejoch. Sme,
čo sa nám môže stať?

Priateľka púšť, viem, starosti,
postupujúce priestory, pusté
pahorky, praskanie skál, rozmeľovanie
brál, dlane dún, zrnká času.

Mám to v malíčku ľavej ruky.
To ochrnutie, keď zvuk zvonov
prichádza z opačnej strany ako zvonica.
Zvuk koľajnice o koľajnicu.

Ľavá ruka je ľavejšia,
pravá pravejšia.
Ako sa nasýtiť bez rúk?

Potrebovali sme reč, vlny,
bosé, o skaly odierané nohy.

Blubbert, blubbert
bubliny bahna
piesky presýpajú.

To nie je tlkot sŕdc,
iba mesto bez seba.

Už prichádzajú spotení, ktorí nenašli zlato.
Virtuózi bezplatných plavieb vo víchroch, tí,
ktorí sa nikdy nepotkli v šíravách.

Čo si myslíš, priateľka,
o tých, ktorí štyridsať dní zostali
a dnes sa vracajú,
čo si myslíš o tých, ktorí vydržali
a zostávajú?

DARLING DESERT (Extracts)

III

The sands are flowering, the train has strayed.
Tracks screech in the drifts. We exist,
what can befall us?

Darling desert, I know, the concerns,
the advancing spaces, forsaken
hillocks, the bursting of cliffs, pulverizing
of rocks, the dunes' palm-hollows, the grains of time.

I have it all in my left hand's little finger.
That paralysis, when the sound of bells
comes from the opposite side
to the belfry.
The sound of rail on rail.

Left hand is lefter,
right righter.
How to be sated without hands?

We needed speech, waves,
bare feet torn on the rocks.

Blubbert, blubbert
bubbles of mud
pervade the sands.

That is not the beat of hearts,
only a city beside itself.

Already they come sweat-soaked, the ones who found no gold.
Virtuosi of voyaging gratis in the gales, those
who have never stumbled in the broad expanses.

What do you think, darling,
of those who remained forty days
and return today,
what do you think of those who held out
and still remain?

Priateľka púšť, jej ľahostajnosť
k pohlaviam a k odevom, jej nešikovnosť
k dostatku vôd a k stopám pútnikov.

IV

V proroctvách chuť cédrov, dávno pred plodmi.
Jedlé jadrá svätojánskych chlebov
pre prsty modlitby.

Zrkadlíme sa, vzdycháme, čas
možného ticha, „keď teraz nezavoláš,
už volať nemusíš".

Posledné cukríky pre mamu som kúpil v noci
od ospalého predavača benzínu,
tvrdé, v plechovej krabičke.
Mama sa usmievala, „toto je dobré".

Keď som ju hľadal v uliciach rodného mesta,
pršalo,
v plátennej taške sa hompáľalo čerstvé mäso
a odrazu z ulice chodcov ocitol som sa v púšti.

„Plávaš tmou a blízki sa prihovárajú,
príjemné hlasy, ale plávaš tmou a
objavujú sa belasé svetlá radosti,"
tri roky po smrti prehovorila.

Prišla v bielej šatôčke, kôpor rozváňal,
v poliach pínií zbierala zvončeky.
Triasla sa ako brokát v plameni sviečky
a svetlo horelo vo vrstvách
reči bez slov.

Bledé jabĺčka
letných svitaní,
kdeže dozrievajúce orechy.

Darling desert, her indifference
to gender and garb, her awkwardness
about sufficiency of water and travellers' tracks.

    IV

In prophecies the taste of cedars, long before fruit.
Edible cores of carobs
for the fingers of prayer.

We are mirrored, we sigh, time
of possible silence, "if you don't call now
you needn't call at all".

I bought the last sweets for Mama at night
from a sleepy petrol-pump attendant,
hard ones, in a tin box.
Mama smiled, "this is good".

When I sought her in the streets of the home town
it was raining,
the fresh meat bounced in a linen bag
and suddenly from the street of pedestrians
I felt myself in the desert.

"You sail in darkness and your near ones are speaking,
pleasant voices, but you sail in darkness and
the blue lights of joy are appearing",
she said three weeks after death.

She came in a white head-scarf, dill wafted,
in the fields of pine she was gathering bluebells.
She trembled like brocade in a candle flame
and the light burned in layers
of language without words.

Pale apples
of summer dawns,
no question of ripening walnuts.

Útle a bezbranné výhonky
vzlietli zo semien liečivých.

Ako v snoch blúdil som krajinami,
triasol som sa chladom, zastavil, precitol.
Keď som zablúdil, ani snehu už nebolo,
kdežeby mama.

A potom som ťa stretol.
Vznášali sme sa nad cestami.
Smiali sme sa.
Kamene na nás nemohli.

VI

V nociach viditeľné plody stromu.
Ťažkí vtáci, raz v živote,
na konároch vodného stromu
potichu preberajú preletené.

Cez deň rozdávali obrázky
v šatkách spravodlivých žien.
Obloha spúšťa hviezdy
do hniezda púští.

Pri Jakubovej studni tancuje baletka.
Ako bledé tváre v cintorínskom svetle
miznú kresby a slová v piesku.

Beda vám, ktorí ste vyškrtli
ženy zo šatiek,
beda za rosu hrdzavých mechanizmov
a falošné slzy na plátnach
vysúšaných v tichu.

Márne blikanie zablúdených hviezd
rozmeleného kremeňa.
Tik-tak.

Keď hľadáš najmenšie zrnko piesku,
musí byť to, čo nachádzaš,
najmenšie zrnko piesku?

Narrow and fragile shoots
sprouted from seeds of medicinal plants.

Like in dreams I roamed through lands,
shivered with cold, halted, awoke.
When I strayed, there was not even snow,
let alone Mama.

And later I met you.
We rose above the roads.
We laughed.
Stones had no power over us.

VI

In the nights visible fruits of the tree.
Heavy birds, once in their lives,
on the branches of the marsh tree
quietly ponder all they have flown over.

By day they distributed pictures
in righteous women's head-scarves.
The sky releases stars
into the nest of deserts.

By Jacob's well a ballerina dances.
As pale faces in a graveyard light,
drawings and words vanish in sand.

Woe to ye who erased
the women from head-scarves,
woe for the dew of rusty mechanisms
and false tears on cloth
dried in silence.

Vain flickering of straying stars
from the pulverized flint.
Tik-tak.

When you seek the smallest grain of sand,
must what you find be
the smallest grain of sand?

VII

Vlak lesom je lístím,
púšťou pieskom.
Nebolo a bude.

Zabudli sme prestúpiť.
Cesta sa zauzlila
ako šnúrka topánky.

Sprievodca vozňov upratuje.
Metla, slová, sny.
Strážne domčeky vymaľované
ako v slovníkoch.

Z preoranej púšte
v sitách prinášali posolstvá
ako z mora slín.

Sypká je pôda, prehnitý plot.
Strom sa prepadáva.
Vánok je vlak.
V chodbách sa potácame.

Dávno už vieme,
smäd je neuhasiteľný.
A predsa žijeme.

X

Od prameňov vyhnaní
pramene hľadáme.
Dlho sme stáli.
Kolesá zavial piesok.

Patrónka pastierov,
oči strážcov, zrkadlá žiadze.
Pľušť púští, plyš piští,
pútnikov okrádajú o dôstojnosť.

VII

The train through the forest is leaves,
through the desert is sand.
What was not will be.

We'd forgotten to change.
The way knotted itself
like a shoelace.

The inspector of carriages is cleaning up.
Broom, words, dreams.
Guardhouses painted
as in dictionaries.

From the ploughed-up desert
they brought messages in sieves
as from a sea of spittle.

The soil is loose, the fence is rotten.
The tree is sinking in.
The breeze is a train.
We stagger in the corridors.

We've known a long time
thirst is unquenchable.
And nevertheless we live.

X

Banished from the springs
we seek the spring.
We were long at a standstill.
Sand covered the wheels.

Patroness of shepherds,
eyes of guardians, mirrors of longing.
Squall of deserts, squeal of fleece
they're robbing pilgrims of dignity.

Už sme tu.
Pešiaci prominentov
ako lokomotíva bez vlaku.
Máte nás!

Všetko sa začalo otázkou:
„Nepôjdeme, láska moja,
piesňou omámení do vinohradov
zbierať kvety do herbárov?"

Rýchle rozhodovanie
spomaľuje čas.

XI

Hmat,
puklina putujúca porcelánom.
Bolestivý lúčny koník
s ostrihanými tykadlami.

Kto
obožral bielej koze
srsť dohola?

Ešte stále je nás dosť.
Klince v dlani zľahčujeme
na pichľavé páperie.

Vlny mlčania od Boha
strácajú sa vo vlnách
mlčania z tvrdohlavosti.

Kobylky skutočne
nie sú osamelé.

We're here already.
Pawns of the prominent
like a locomotive without a train.
You've got us!

It all began with a question,
"Shall we not go, my love,
drunk with song to the vineyards
to gather flowers for pressing?"

Swift decisions
slow down time.

XI

Touch,
a crack journeying through porcelain.
Dolorous grasshopper
with shorn feelers.

Who
nibbled away the fur
from the white goat?

There's plenty of us still.
We're commuting the nails in the palm
to prickly down

The waves of silence from God
are lost in the waves
of silence from stubbornness.

Grasshoppers really
are not lonely.

KARNEVAL V KLÁŠTORE (Úryvky)

MEDZISPEV

Sláva púšti, púšťame sa do osláv.
Pri hroboch priateľov
prepotené piesne zvliekame.

Panebože, karneval, nepatrné sivé lietadlo
nad mrkvovými poľami, ružový hríb so zlatým podhubím,
v trblietajúcich sa belasých dňoch
v bielych kapustových poliach,
za svitania, keď chrápe karneval.

Karneval, kino opitých opíc,
vytrvalý pochod zápalkových škatuliek,
plávanie preoblečených v bazénoch bez konca-kraja.
Vo všetkých smeroch bol cieľ, víťazov nebolo.
Prví pili príjemný peľ pohárov.

Karneval je medúza, živé telefónne číslo
opusteného domu v Lisabone, muzika spod viaduktu
nad zálivom hľadá si Spev.
Som križovatka v kufroch, hovorí Karneval.

Horí husliareň, rozzvučané ženy odovzdávajú sa
plameňom.
Som roj iskier suchých domov, blkot tlejúcich slákov,
som Karneval.

Milujem živé plamene Tichého oceánu,
spálené polia slnečníc, vajíčka korytnačiek, slzy
slaných vĺn, milujem veselých bicyklistov,
keď v hmle slávy slov vzlietajú nad závorami.
Som žila síl, som Karneval
s dlaňami čírej vody smiechu,
som plachtami plavcom, som Karneval.

Som opustený, bez prípojov, ale Karneval,
jaskyňa, v ktorej si svet zabudol Spev.

Mímovia milujú Karneval.
Bože, vzlyky plamienkov v hlbinách vôd.

CARNIVAL IN THE MONASTERY (Extracts)

RESPONSORIAL PSALM

Glory to the desert, we're commencing celebration.
By the graves of friends
we're stripping off sweat-soaked songs.

Good Lord, the carnival, tiny grey aeroplane
over the carrot fields, pink mushroom with a golden spawn,
in the glittering bluish days
in the white cabbage fields,
during dawn, when the carnival snores.

Carnival, cinema of drunken monkeys,
never-say-die march of the matchboxes,
swimming in fancy-dress in pools with no edge, no end.
There was a finishing point in every direction, there were no winners.
The first of them tippled tumblers of pleasant pollen.

Carnival's a medusa, the live telephone number
of an abandoned house in Lisbon, music beneath the viaduct
over the gulf seeks Song.
I'm a crossroads in suitcases, says Carnival.

There's a fire at the violin-maker's, ringing-voiced women are giving
themselves to the flames.
I am a swarm of sparks from dry houses, flame of smouldering bows,
I am Carnival.

I love the live flames of the Pacific Ocean,
the burnt fields of sunflowers, turtles' eggs, tears
of salt waves, I love the merry cyclists
when in a mist of the glory of words they're soaring above the toll-gates.
I am a vein of the forces, I am Carnival
with the water of mirth in my palms,
I am sails for seafarers, I am Carnival.

I am abandoned, without connections, but Carnival,
the cave in which the world abandoned song.

Mimes love Carnival,
Lord, how the flames sob in the deep!

Choď, hľadaj, slzy radosti ešte nie sú dom,
tabule škôl nie sú múdrosť posledná a Karneval
je hra a v hre sa i prehráva.

Karneval, zamotaný v plachtách pri prameni,
v horúčke mladých vín sa schováva.
K obyvateľom vysokých domov sa približuje
tých málo mníchov so sviečkami s trasľavým plameňom
nádeje Stretnutia. Karneval,
na zasneženom pinpongovom stole nič nepočuť.
Preber sa, Karneval, hore srdcia!
Máme ich na vankúšiku, mávajú ospalí susedia lásky,
milujem Karneval.

Ó, Karneval, akí skvelí sme v sláve slov,
pre Teba píšem s vlakmi vo vlasoch,
pre Teba v hviezdnych studniach nocí,
a i pre pokorných v plachetniciach, pre Teba,
v zaiste neveselej nespavosti, vo vtákoch letiacich
do Ničoty, ó,
celý svet v slávikoch.

Karneval sukní šteklí kolená,
tiene padajú do tieňov
v krajine zaprášených Golemov, ach,
cesty zamotané v hebkosti.

Karneval v dlaniach, v pohľadoch, vo vlasoch
a v liečivých bylinách.
Videl som priezračné akvarely nepodvádzania sa,
bolo mi dané vidieť, ako ulica úbohých
v podkolienkach veselo skáče cez švihadlo.

Milujem Karneval, vtáčí Spev a (tiež)
milujem milosrdenstvo, zázrak
a tiché sivé mrholenie Škaredej stredy.

II

Z domov stekajú schody,
nástupištia plné vôd,

Go, seek, tears of joy are not yet a house,
school blackboards are not the ultimate wisdom and Carnival
is a game and a game can also be lost.

Carnival, tangled in sails by the spring,
is hiding in the fever of young wines.
To the residents of tall houses approaches
that handful of monks bearing candles with the trembling flame
of the hope of Encounter. Carnival,
on the snowed-under ping-pong table not a sound to be heard.
Wake up, Carnival, let hearts be lifted!
We have them on the pillow, say the loving sleepyheads next door,
I love Carnival.

Oh, Carnival, how fine we are in the glory of words,
for You I write with railways in my hair,
for You in the starry wells of night
and for the humble ones in sailboats, for You,
in truly cheerless insomnia, in birds winging
to Nothingness, oh,
the whole world in nightingales.

The Carnival of skirts is tickling knees,
shadows are falling into shadows
in the land of dusty Golems, *ach*,
roads tangled in tenderness.

Carnival in palm-hollows, in gazes, in hair
and in healing plants.
I saw transparent un-self-deceiving watercolours;
it was given to me to see the street of the wretched
in kneesocks merrily leap through the skipping-rope.

I love Carnival, bird's Song and (also)
I love mercy, the miracle
and the silent grey drizzle of Ash Wednesday.

II

Down from the houses flow the stairs,
platforms full of water,

sneh dostal mor, zosypala sa
obloha, vo vlaku sa pobili,
z dlážky novinami zotreli krv.
A ľud zas nejasá.

V tomto meste veľa pršalo.
Uhliarovi zhorelo uhlie
A hanbíme sa vynášať hlušinu.

Za súmraku nič sa neozýva,
medzi ošklbanými pávmi
i jednooký je kráľ.
Zimnica. Dva razy tam a späť?
Ľad, na klzkom tancovať?
A stále sme dvoch vyznaní.

Privysoký je múr nástupíšť, rovín,
rozkokošených sliepok v prachu škvary
a blen v ušiach zajatcov.
V krížoch horúčka, na krídlach odreniny.

Ďalšou pomlčkou včerajšie zamlčovanie
ako vykupované?

Nevyzdvihnutý kufor
v nocľahárni rušňovodičov.
Ešte stále privážajú ranených.

Ako uhlíkom zvnútra čela napísané:
Kufre nad hlavu!

VI

Plachetnice z lipového dreva
priviezli ráno sneh.
Labute primrzli na vlnách.

Vo vápnom vybielených kaplnkách
strážca stád olivových hájov zaspal
a zobudil sa na strechách kláštorov.

there's a plague on the snow, the sky's
been shattered, fellows were fighting on the train,
blood was mopped from the floor with newspapers.
And once again the people not rejoicing.

In this town there's been a lot of rain.
The coalman's coal's all burnt
and we're ashamed to carry out the ashes.

During twilight nothing makes a sound,
among the plucked peacocks
even the one-eyed is king.
Cold shivers. Two times there and back?
Ice, to dance on slippery stuff?
And still we are of two persuasions.

Too high is the wall of platforms, plains,
hens aroused in the dust of ashes,
and henbane in captives' ears.
Fever in the small of the back, on the wings bruises.

With a further hyphen how is yesterday's
silence redeemed?

An unclaimed suitcase
in the engine-drivers' night shelter.
They're bringing in the wounded still.

As if written inside the forehead with a coal:
Suitcases over your head!

VI

Sailboats of lime wood
this morning brought snow.
Swans froze on the waves.

In whitewashed chapels
the herdsman of the olive groves slept out
and woke on the roofs of monasteries.

Zasrienené holuby s omrvinkou
medzi ľaliami na ľade.

Zhora je ostrov ikona
a ani Athos nemá moc
nad tým, čo priletí, čo sa priplazí.

Prvoprijímajúce na pobreží
držia sa za ruky, nevesty a stareny
v ľanových tunikách obkolesili ostrov.
Pierka snežných husí v hmlách.

Vodu, chceme vodu,
už pre lode prosíme o vodu.
Vták verš, stratená loď
hlboko pod hladinou vedomia.

Mráz žiarivého rána v kláštore trapistov,
mních prosí priora:
Zbav ma povinnosti písať.

Veronika pláka plátna kriedou bielené.
Labuť sedí na vajíčkach,
labuť s odrezanou hlavou.
Obraz zostáva.

VIII

Veru, hovorím vám,
tajní zamestnanci prikážu mníchom,
ako rozradostniť karneval.
Utopení zostanú navždy smädní.

Naozaj milujete, iba keď sa vám nedarí?

Hovorím ti, keď ťa nik nepotrebuje,
potrebuje ťa niekto iný.

Veru, kto klame,
uráža seba samého
a peniaze sú hniezdom lží.

Hoar-white doves with a crumb
between the lilies on the ice.

From above an island is an icon
and even Athos has no power
over any that may hither fly or crawl.

The First Communicants on the shore
grip each others' hands; brides and old dames
in linen tunics have ringed the island round.
Feathers of snow geese in the mists.

Water, we want water,
for the ships we ask for water.
Bird verse, lost ship
deep below the surface of consciousness.

Frost of a radiant morning in the Trappist cloister,
a monk begs the prior:
Release me from the duty of writing.

Veronica is rinsing cloth whitened with chalk.
A swan is sitting on eggs,
a swan with a lopped-off head.
The image remains.

    VIII

Verily, I say unto you,
secret employees will direct the monks
how to make the carnival joyous.
The drowned will remain forever thirsty.

Do you really love only when things are going wrong for you?

I tell you, when no one needs you
you're needed by somebody else.

Verily, the deceiver
does injury to himself
and money is a nest of lies.

Hovorím vám,
kto chce lietať, nech sa neprejedá.

Neutiekajte sa k tým, ktorí na vás nakričia,
silní voči slabým, sami sú slabí.

Ak chcete, aby vzklíčilo,
darujte semenám zimu.

Všetci ste samostatní,
ako je samostatný každý z vás.
Nestojte zázrakom v ceste
a nebojte sa sláviť karneval.

Keď vyrastie kôpor, všetko sa vydarí.

I say to you,
he who wants to fly, let him not eat too much.

Do not flee to those who clamour to you;
faced with the weak, the strong themselves are weak.

If you want a sprouting crop,
give the seeds winter.

Independent you all are,
as each one of you is independent.
Do not stand in the way of miracles,
and do not fear to extol the carnival.

When the dill grows, everything will prosper.

KAMIL PETERAJ

PHOTO: AUTHOR'S ARCHIVE

KAMIL PETERAJ was born in 1945 in Bratislava, where he studied the violin at the Conservatory and, later, dramaturgy at the University of Musical Arts. Until 1979 he worked as musical script editor at the Bratislava theatre Nová scéna, then worked for a considerable time as a freelance writer, supporting himself mainly by writing rock music lyrics. From 1991 he worked in advertising but again turned to freelance writing. He lives in Bratislava.

His published poetry collections are: *Winter Birds' Orchard* (1965), *Time for the Viola* (1966), *Queen of the Night* (1968), *Coming Out with the Evening Star* (1971), *Lime Tree Mansion* (1973), *Faust and Margaretas* (1981), *Minute Poems* (1986), *Shelters / maxims / telegrams* (1987), *A Second of Delight* (1989), *House of the Virgin* (1991), *Lyrical Corso* (1991), *What You Whisper to the Girls* (2007).

He has also published three collections of aphorisms, six collections of song texts and two collections of verse for children.

MELANCHÓLIE

Svetlo sa zachycuje o konáre, pomaličky klesá
a augustový mesiac ťažkne nad vinicou.
Akoby bol obrovským okom vody,
ktoré sa z hĺbky prevalilo
na nebo
a odtiaľ ticho ráta spätne bežiaci čas.

Svorky psov predo dvermi,
všetky stopy zmýlené,
akoby viedli len do zabudnutia… A prahy?
Také nízke, až sa ich bojíme prekročiť.

Často si mýlime kaluže s jazerami, šum s dychom,
náhody s posolstvami, nevyslovené so zamlčaným,
anjelský rituál
s diabolskou komédiou:

a možno niekedy aj nájdeme bod priezorný, kde vesmír
ukáže viac hĺbky alebo len sekundový výrez
svojich napnutých strún, odvrátenú
stranu nezachytiteľného dotyku
výšky a priepasti zároveň…

Je miesto, z ktorého môžeš vojsť do oblohy
a zároveň zostupovať na zem,
miesto, kde v hrobovom tichu počuť
esenciálny mľaskot štiav.

Vidíme, koľko sa urodilo tieňov.
A ty? Brodíš sa suchým pieskom
a vieš, že nič nezahojí puklinu,
ktorú nosíme v očiach.

V soľničke ruží mrzne peľ.

Úsvit, panenský a popraskaný,
je zrazu ako dno veľkej lode,
ticho sa šinúcej medzi vetvami gaštanov.

Deň na predlžujúcom sa vlásku svetla padá do jesene.

MELANCHOLIAS

Light catches on branches, falling little by little,
and the August moon grows heavy over the vineyard.
As if it were the giant eye of water
that has rolled up from the depths
to the sky
where it quietly reckons backward-running time.

Dog packs at the door,
all prints muddled,
seeming only to lead to oblivion… And thresholds?
So low that we fear to cross.

Often we confuse puddles with lakes, rustlings with breath,
chance with portent, the unsaid with the suppressed,
angelic ritual
with devilish comedy:

and sometime too we may find a spyhole, where the universe
reveals more depth, or a moment's opening
of its taut strings, the other
side of the ungraspable touch
of altitude with abyss…

There is a place where you may rise to the sky
and simultaneously descend to earth,
a place where in sepulchral silence
one hears the essential slurping of the sap.

We see how numerous the shadows are.
And you? Trudging through dry sand,
you know there is nothing that can heal the rift
we carry in our eyes.

In the roses' cruet the pollen will freeze.

Dawn, virginal and fissured,
is suddenly like the keel of a great ship,
silently scudding between the chestnut sprays.

On a lengthening hair of light day falls into autumn.

A jeseň – na smrť bledá,
plná haraburdia a mŕtvej lyriky,
odchádza
obrovskou prázdnou bránou

na jedinom hrkotavom voze
na obzore…

Requiem listopádu ticho a spotene znie…

Ó, túžba a strach splynúť! Ó, ničivé údery
na membrány sluchu! Tiché šialenstvo
mihotavej sviečky a modrých stúh a uprostred –
tvoj rýchlo sa míňajúci knôt!

Hľa, pradávne tajomstvo, oddelené len vláskom
objatia cez bozk – prichádza
spájať a deliť zároveň: v lôžku prázdneho vtáčieho hniezda
prebudí vysilenú smrť.

Jeseň: sen, ktorý plynie…
…ale nie sem. Napitá, nabitá
smútkom visiacej kvapky
kĺžucej sa
po prázdnom strome.

Na stenách vinič. Plazí sa
verne, od pomýlenej trčiacej vetvičky
až po suchý ornament.

Viem, budeme tiecť a vylievať sa zo svojich brehov,
kým luna,
posúvajúc sa na svoje marginálne miesto
v chladnúcej noci odratúvať bude
ako obrovské hodiny

čas márny i plodný,
čas zberu a tichého chúlenia sa do seba.

And autumn – pale as death,
full of old junk and burnt-out lyrics,
departs
through a giant empty gate

on the single creaking wagon
on the horizon...

The autumn requiem with a quiet sweat-sodden sound...

Oh, desire and fear to fuse! Oh, ruinous blows
to the aural membranes! Silent lunacy
of a flickering candle and blue ribbons
and amidst –
your quickly-wasting candlewick!

See, the primeval mystery, separated only by the hair
of embrace in a kiss – it comes
to weld and sever at once: in the bed of an empty bird's nest
it rouses feeble death.

Autumn: dream that flows...
...but not hither. Saturated, fraught
with the grief of the hanging drop
sliding
down the bare tree.

Vine on the walls. It creeps
faithfully, from the straying twig
to the dry ornament.

I know we will flow and issue from our banks
while the moon,
shifting to its position on the margin,
in the cooling night will mark time
like an enormous clock

time vain and fruitful,
time of gathering and quiet huddling into oneself.

RYBA

Hľa. ryba, ktorá vraví:

som zo živého striebra,
ktoré hodil Stvoriteľ do vĺn,
som úlomok tajomstva,
jedna z tanečníc
v obrovskom cirkuse mora:

nikdy nepochopíš
moje nemé divadlo,
baletné árie,
tú bláznivú choreografiu môjho pohybu,
na hudbu večného mlčania.

Som jedinečná množina
inej množiny, číslo nesčíselné
a nevyjadriteľné,
som krásny exemplár prchavosti –
ja, ryba poveterná:

mlčanie je môj jazyk,
strážim ho spolu s Božími tajomstvami
od počiatku po naveky amen.

Na tej rybe stojac
preplávam s telom nad hladinou
ako šialená zástava.

MOTÝĽ

Jemnučko navoňaný
hymenom ruží
letím bezcieľne a nikam
len tak,
unášaný
ľahkosťou polygamie,
hovorí motýľ.

FISH

See, a fish that says:

I am of living silver
which the Creator flung into the waves,
I am a shard of mystery,
one of the dancers
in the gigantic circus of the sea:

you will never appreciate
my mute theatre,
ballet arias,
that mad choreography of my moves
to the music of eternal silence.

I am a unique quantity
of another quantity, a number innumerable
and inexpressible,
I am a lovely exemplar of transience –
I, fish of the wind:

muteness is my language,
I guard it together with God's secrets
from the beginning ever after amen.

Standing upon that fish
I'll float body above surface
like a lunatic flag.

BUTTERFLY

Delicately scented
with the hymen of roses
I fly aimlessly nowhere
just so,
carried off
by the lightness of polygamy,
says the butterfly.

Som predĺžený pohľad muža,
keď náhle zazrie
kvet v pohlaví tanečnice.

Som prchavá krása momentu
a moment krásy,
návštevník, ktorý sa len krátko zdrží
v obrazárni leta
a potom zmizne aj sám sebe
kamsi do prachu.

Budem vás pokúšať
zažiť letný hriech,
na ktorý sa najkrajšie spomína
a ktorý sa vždy odpúšťa.

Budeme spolu lietať
a milovať sa v tieni lopúchov.

Budeme k sebe nahí
a prostí ako príroda.

Na krídlach toho motýľa spím
a ráno sa zobúdzam
o spomienku k tomu letu bližšie
a o jeden celý život
od toho leta ďalej.

KÔŇ

Neviete nič o voľnosti,
o tom nádhernom rozbehu krvi do krídel,
vraví kôň
a vzoprie sa proti vetru,

neviete nič o rozkoši z dupotu,
ktorá sa priamo z môjho srdca rodí
a z kyslých trávnatých džbánov
sa napája.

I am a man's extended gaze
when he suddenly sees
a flower in the dancer's genitals.

I am the fleeting beauty of the moment
and the moment too,
a visitor who'll stay but briefly
in summer's picture-gallery
and later vanish even from itself
somewhere into the dust.

I will tempt you
to experience a summer sin,
which is the loveliest to remember
and is always forgiven.

We will fly together
and make love in the shade of burdocks.

We will be naked each to each
and simple as nature.

On that butterfly's wings I sleep
and in the morning I wake
a memory closer to that summer
and one whole life
from that summer distant.

HORSE

You know nothing of freedom,
of that splendid rush of the blood to the wings,
says the horse
and he'll defy the wind,

you know nothing of the delight of stamping
that is born straight from my heart
and watered by the sour
grassy pitchers.

Mnou sa začínajú príbehy detstva,
mnou sú cesty pútnikov naplnené:

v strede rozprávok sa objavujem,
biely a zvonivý, so zlatým chomútom,

s vyšívaným sedlom
k oblakom vyskakujem a zostávam vo výške
                                        stáť,
aby si dvaja mohli dať bozk.

Som dupot: som vírenie prachu,
podobné kadencii horúčok.

Som ochranca bojovníkov: živá kopija.
Môj plač je nekonečne hrdý.

Na tom koni cválam,
kopem ho do slabín,

dvíham sa a dopadám za jamy,

iskrím ostrohami,

až zhasnem v prichádzajúcej tme.

POSTE RESTANTE

ó mŕtvi nevstaňte
netreba
to iba prstom (z dlhej chvíle) píšem
 pozdrav
poste restante
(niekomu) do neba

niekomu kto tam trebárs nie je

By me the events of childhood are begun,
by me the pilgrims' journeys are completed:

I make my appearance in the middle of fairytales
white, with a golden collar and tinkling bells,

with embroidered saddle
I leap to the clouds and remain standing on high

so that a couple may kiss.

I am a hoof-stamp: I am a whirl of dust
like fever's cadences.

I am a guardian of warriors: a living lance.
My weeping is interminably proud.

I gallop on that horse,
I kick him in the loins,

I raise myself up and I alight beyond the pits,

I scintillate with spurs

till I am quenched in the oncoming dark.

POSTE RESTANTE

o dead do not rise
there's no need
i'm just writing this with my finger (passing the time)
a greeting
poste restante
(for somebody) to heaven

for somebody who maybe isn't there

ó mŕtvi
podržte na chvíľu
ten bláznivý vietor
nech mi ho neodveje

a ty vietor
uposlúchni prosím
moje rozkazy

veď nečakám žiadny zázrak
(teda odpoveď)
iba obyčajné
letné
bledomodré obrazy

SLEPAČIA SMRŤ

urobia sliepke mínus pod krkom
a za nohy ju vezmú

ako v rituále:
šmyk
potom trocha krvi lopúchom
nôž do vody
kým pohodia ju na stôl
studenú a presnú

ostane kôpka períčok
a vonku deti
ktoré vedia
ale nesmú

o dead
hold on for awhile
that crazy wind
let it not be blown away from me

and you wind
please obey
my commands

not that I am expecting miracles
(meaning an answer)
only ordinary
summery
pale blue pictures

DEATH OF A HEN

they'll make a minus under the hen's neck
and take her by the legs

as in a ritual:
slide of the blade
afterwards a little blood on the burdocks
knife in the water
while they fling her on the table
cold and exact

a little mound of feathers will remain
and the children outside
who know
but they're not supposed to

NEMÍ

spievajú si svoje nemé piesne
plné široko roztiahnutých prstov
a takých krásnych a veľkých slov
ktoré nevládzu ozvučiť
že ich možno počúvať
otvorenými ústami

a zatiaľ my zhovárame sa tu hmlistou rečou
plnou predčasne narodených viet
ťažkých poveternostných zrážok
a leteckých katastrof
a už nerozoznáme
čo počká a čo je o pomoc

ZASPÁVANIE

je to ako tréning umierania
v naučenej
takmer definitívnej polohe

s presnosťou ktorá ľaká
stáva sa srdce čoraz dlhšou tmavou ulicou
plnou rozsypaných kameňov
zahodených účtov
utajených vtákov
a neznámych chodcov

v diaľke sa rozsvecujú
reflektory sna

a oslepujú

MUTES

they sing one another their mute songs
full of fingers widely splayed
and such lovely big words
which they cannot enunciate
that one can hear them
with open mouth

and meantime here we talk in a foggy language
full of sentences prematurely born
heavy airborne squalls
and flight catastrophes
and we don't distinguish any more
what will wait and what's an SOS

FALLING ASLEEP

it's like training for dying
in the acquired
almost definitive position

with a frightening precision
the heart becomes an ever lengthier dark street
full of scattered stones
discarded bills
concealed birds
and unknown pedestrians

headlights in the distance
a dream comes shining

and dazzling

O NEUMIERANÍ

dážď prišiel zďaleka klopkali
písacie stroje vody úzkostlivo
popisovali inventár septembra
čo tu zostalo po sezóne
aké motýle aké kufre zlata
aké fúry blata sena slnka hviezd

a kdesi pri rieke
muž v klobúku ako saroyan
chytal striebornú rybu „o neumieraní"
fajčil a videl
sám seba na druhom brehu
ako robí to isté

NEMOCNICA

v rohu zelenej miestnosti
napichujú unavenú žilu

a vonku sa fláka smrť
a z dlhej chvíle kosí gaštany

STARÁ MATKA

babička nám zomrela
chodíme ju hľadať na to isté miesto
kde sme ju naposledy uložili
a kde už dávno nie je

ABOUT NOT DYING

the rain came from afar typewriters
of water tapped meticulously
they compiled the inventory of september
what remained here after the season
what butterflies what bags of gold
what loads of mud hay sunshine stars

and somewhere by the river
a man in a hat like saroyan
caught the silver fish "about not dying"
smoked and saw
himself on the other bank
doing the same

HOSPITAL

in a corner of the green room
they're jabbing a weary vein

and outside Death is loitering
and reaping chestnuts to pass time

GRANDMOTHER

our granny died
we're going to look for her in the same place
where last we laid her
and where she hasn't been for ages now

ZAJTRA MÔŽE BYŤ NESKORO

kričím
a budím svojich susedov
a hovorím im
kričte aj vy
a buďte svojich susedov
a povedzte tým susedom
aby kričali aj oni
a budili svojich susedov
pretože zajtra môže byť neskoro

KRIŠTOFKO KOLUMBUS

predavačka v zelenine
vystrčila miesto čerstvej hlavy
šedivú kapustu
a tu je rozsudok: jedenásť dvadsať!

celkom elegantná pani s minibriadkou šepká:
prosím vás mám už sedemdesiat
preto sa ponáhľam
viete syn mi ide o chvíľu do ameriky

ale nech sa páči
milostivá pani

púšťam ju pred seba
a tu si všimnem: neďaleko
asi päťdesiatročný muž v modrej pletenej čiapke
a lennonovkách
stojí v kaluži
niečo v nej pozorne sleduje a šepká:
kapitán vidím pevninu!

závozníkovi ktorý pri ňom
nechápavo zastane podá ruku: teší ma
som krištof kolumbus
ale nikomu to nehovorte –
práve pristávame pri brehoch neznámej pevniny

TOMORROW MAY BE TOO LATE

I shout
and wake up my neighbours
and I tell them
you too shout
and wake up your neighbours
and tell those neighbours
they too must shout
and wake up their neighbours
because tomorrow may be too late

CHRIS COLUMBUS

the fruit-and-veg assistant
held out instead of a fresh head
a grey cabbage
and here's the verdict: eleven crowns twenty!

quite an elegant lady with a mini-beard whispers:
excuse me please i'm seventy
that's why i'm rushing
you know my son's going off to america

but of course after you
gracious lady

i let her ahead of me
and now i notice: not far off
a fiftyish man in a blue knitted cap
and lennon glasses
standing in a puddle
he's tracking something there and whispers:
captain i see land!

to a vanboy who uncomprehendingly
stops near him he extends his hand: my pleasure
i'm christopher columbus
but don't tell anyone –
we're about to land on the shores of an unknown coast

žena predo mnou nakúpila cibuľu
kapustu a zemiaky
platí odchádza
a vraví: krištofko poď
doma nás čakajú hladní indiáni

VNÚTRI NEZNÁMEJ FĽAŠE

vo fľaši je veža
vo veži točité schody

hore rozhľadňa
plná čiernych dravých vtákov
hlboko dolu
vo vode klavír

v klavíri je trinásta miestnosť
v nej les
v ňom zahodená bábika
ktorá má v pohlaví
zarastené zrkadlo
toho druhého v tebe

schádzaš dolu schodišťom
ponáraš sa
do klavíra
a zrazu sa stretneš
s akýmsi neznámym –

ktorý očarovaný
hrajúc na panovu flautu
pláva odtiaľ na povrch

the woman in front of me has bought an onion
a cabbage and potatoes
she pays departs
and says: chris come on
the hungry indians at home are waiting

INSIDE AN UNKNOWN BOTTLE

in the bottle is a tower
in the tower spiral stairs

up above a watchtower
full of black raptors
deep below
in the water a piano

in the piano is a thirteenth chamber
in it a forest
in it a cast-off doll
who has in her sex
an overgrown mirror
of that other one in you

down the flight of stairs you go
plunge into
the piano
and suddenly you'll meet
with someone unknown –

who enchanted
playing panpipes
swims away to the surface

DOM PANNY

hovorím: buď mojím hrobom
pochovaj ma v sebe
odplav svojou krvou
môj nepokojný prach
zabudni ma
tak ako kameň zabudol
svoj včerajšok:

je v ňom ale nik ho nerozuzlí

sľubujem: budem ti za to
priestranným cintorínom
na ktorom niet krížov
ani mramorových holubíc
plaču ani výčitiek svedomia:

budem to miesto
v blízkosti ktorého môžeš postáť
a potom ísť ďalej a hlbšie
za korienky vlasov
pod jazyk

prejsť medzi dvoma
nesmierne vzdialenými údermi srdca
tam kde sa hľadáme
kde posielame
vopred svoje myšlienky

a kde je už všetko
tým prežitým
pripravené

HOUSE OF THE VIRGIN

i say: be my grave
bury me in you
wash away with your blood
my unquiet dust
forget me
like the stone forgot
its yesterday:

lodged in it but no one can unsnarl it

i promise: for that i'll be
your spacious cemetery
which has no crosses
or marble doves
tears or remorse of conscience

i'll be the place
near which you can linger
and afterwards go further and deeper
past the roots of the hair
under the tongue

and pass between two
boundlessly distant heartbeats
where we seek each other
where we send
in advance our thoughts

and where everything
is by experience
prepared

PÚŤ TAM JE PÚŤOU SPÄŤ

vajíčko narodené z hry

z kameňa
ktorý skrehol

až cez blany znútra
zazrel PRVÝ ÚSVIT
ktorý mu prezradil
svoje zapečatené tajomstvá!

dívam sa na svet
vždy odznova
akoby som vyšiel
na svetlo
z toho kameňa
dávno pred narodením

POTOMOK PRADÁVNEJ NEHYBNOSTI
NEZVESTNÉHO PRACHU –
ktorý sem prišiel
PRELOMIAC NÁHODNÚ STENU
hľadať
východ z vlastného srdca

ach na počiatku som mal
toľko ľahkého hmyzieho okrídlenia
orlej lásky k spomalenému letu vo výške
pavúčej schopnosti LOVIŤ
CEZ SVOJ OBRAZ

a teraz po rokoch
ako suchý konár
bodajúci do svojho tieňa
vraciam sa k neznámemu vchodu
do skaly

ale ako prejdem?
len bosý a nahý
s jazykom
čo nikdy nevyjaví

THE JOURNEY THERE IS THE JOURNEY BACK

an egg born of a game

from a stone
that grew fragile

until through the membranes within
it saw THE FIRST DAWN
divulging
its sealed mysteries!

i look at the world
ever anew
as if i'd emerged
into light
out of that stone
long before birth

SCION OF THE IMMOBILITY
OF UNTRACEABLE DUST
who came here
BURSTING THROUGH THE WALL OF CHANCE
to seek
an exit from his own heart

ach i had at the beginning
so much insect-light wingedness
the eagle's love of leisurely soaring high
the spider's gift of HUNTING
THROUGH ITS IMAGE

and now years on
like a dry branch
stabbing its own shade
i return towards the unknown entrance
to the rock

but how shall i pass through?
only barefoot and naked
with tongue
that never shall betray

tajomstvo ku ktorému som bližšie
každým privretím viečok

ach pane
čo mi tam za nimi kvitne?

som von z hry? či sa postupne
do nej vraciam?

the secret to which I am closer
with the eyelids' every blink

but Lord
behind them what's flowering in me?

am i out of the game? or gradually
to it returning?

DANIEL HEVIER

PHOTO: MIRA PETRÁŇ

DANIEL HEVIER was born in 1955 in Bratislava and studied aesthetics and the Slovak language at the Philosophical Faculty of Bratislava's Comenius University. While still a student he began working as a literary editor in Czechoslovak Radio, after which he devoted himself to writing. From 1988 he worked as an editor in the Mladé letá publishing house and in 1990 he became its editor-in-chief. In 1992 he established his own publishing house HEVI in Bratislava, where he works full-time as well as continuing to write.

His published poetry collections are: *Butterfly Merry-go-round* (1974), *With Dad in the Garden* (1976), *The Bird Drinks from the Wheelrut* (1977), *Nonstop* (1981), *Electronic Clown* (1983), *Movable Shore* (1984), *Man Seeks Sea* (1984), *In Every Door* (1988), *Lousy Thirty* (1990), *Poems from an Advertising Campaign for the End of the World* (1996), *White Burns Best* (2003).

He has also published a book of song lyrics, *Rustyhead* (1997), the prose work *Do You Want to be Happy? Ask Me How......* (1997), and a collection of essays, *Making Sense in One Language* (1988).

He has written a large number of children's books.

MOTORČEKY

Celý deň chodím po uliciach a nerobím
nič, iba starnem. Pozerám sa
na deti predvádzajúce svoje ohnivé predstavenia.
Ľakám sa tých skvelých zotrvačníkov
naťahujúcich sa v pupku,
ich tiel plných
struniek a magnetov.
Voňajú škoricou a pieskom.
Stoja na daždi a rozprávajú sa
s mojimi topánkami, zatiaľ čo ja
stojím nad nimi ako stará palma,
čo sa už na nič nepamätá.
Celý deň chodím po uliciach a cítim,
ako ma fotografujú ich pohľady.
Ktovie, ako vyzerám
na tých snímkach:
najskôr ako unavený medveď,
ktorý pozoruje ich telá
plné čerpadiel a budíkov.
Vyráža mi dych
okrúhla geometria ich zadočkov.
Chodia za mnou a zabávajú sa tým,
že šliapu po tieni mojej hlavy.
Po bruchu im tečie pomarančová šťava.
A zemeguľa sa ďalej krúti
poháňaná tými
nenásytnými,
odhodlanými,
zúrivými,
nedočkavými,
zázračnými,
motorčekmi.

LITTLE MOTORS

All day I walk the streets and do nothing
except grow old. I watch
the children present their fiery performances.
I am scared of the splendid flywheels
winding at the hub,
their bodies full
of strings and magnets.
They smell of cinnamon and sand.
They stand in the rain conversing
with my shoes, while I
stand over them like an ancient palm
that no longer remembers anything.
All day I walk the streets and feel
their gazes photographing me.
Who knows how I look
in those snapshots:
most probably like a weary bear
observing their bodies
full of pumps and alarm clocks.
The rounded geometry of their little butts
takes my breath away.
They walk behind me and amuse themselves
treading on the shadow of my head.
Orange juice drips off their bellies.
And the globe goes on turning,
driven by those
unsatiated,
resolute,
impatient,
furious,
wonderful
little motors.

VONKU SA HRÁ MOJICH 13 DCÉR

S ponorkami,
s britvami,
s ohnivými chrobákmi,
s kyselinami,
s nábojnicami,
s mestami,
s vežami,
s vojskami,
s trestnými výpravami,
s medveďmi,
s kráľovstvami

sa hrá mojich 13 dcér.

Na smetiskách,
pri skladoch výbušnín,
pri blázincoch,
na nemocničných dvoroch,
nad dierami hadov,
pri kasárenských plotoch

sa hrá mojich 13 dcér.

A keď sa k nim približujem,
naľakané sa strácajú
na druhej strane zrkadla.

ČLOVEK DAL MENÁ VŠETKÝM ZVIERATÁM

Man gave names to all the animals,
spieva Bob Dylan
a ja sa pokúšam pomenovať
všetko, čo mám v sebe:
všetky tie
tigre,
vlky,
šakaly,
hady,
jastraby,

MY 13 DAUGHTERS ARE PLAYING OUTSIDE

With submarines,
with razors,
with fiery beetles,
with acids,
with cartridges,
with cities,
with towers,
with armies,
with reprisal campaigns,
with bears,
with kingdoms

my 13 daughters are playing.

On rubbish mounds,
by explosives dumps,
by madhouses,
in hospital courtyards,
over snakepits
by barracks fences

my 13 daughters are playing.

And when I approach them
they take fright and vanish
on the other side of the mirror.

MAN GAVE NAMES TO ALL THE ANIMALS

Man gave names to all the animals,
Bob Dylan sings
and I attempt to name
everything that I have in myself:
all those
tigers,
wolves,
jackals,
snakes,
hawks,

poníky,
paviány,
krokodíly,
jašterice,
slimáky,
čriedu koni,
holubice.

......

Celý ten zverinec,
zvaný
mužská duša.

S VYPNUTÝM MOTOROM

Na hraničnom priechode
medzi
krásou a banalitou
stojí muž
unavený vymýšľaním básní.

Na preclenie nemá nič
okrem zopár
neužitočných maličkostí.

BALANS

Sedím nad písacím strojom,
ktorému chýba w,
veslujem v bielej hmle,
kladiem ohne
na tejto veľkej bielej pláni
kancelárskeho papiera,
po ktorej ešte nikto neprešiel.

ponies,
baboons,
crocodiles,
lizards,
snails,
horse herds,
doves.

......

All that menagerie
known as
the masculine soul.

WITH MOTOR SWITCHED OFF

At the border crossing
between
beauty and banality
stands a man
weary of inventing poems.

He has nothing to declare
except a couple
of useless trivia.

BALANCE

I'm sitting over a typewriter
that lacks the letter w,
I'm rowing in white mist,
I'm laying a fire
on this great white plain
of office paper
which no one's ever crossed.

Ani ty sem za mnou
nemôžeš. Listy, ktoré mi sem
posielaš, po ceste zamŕzajú
na obdĺžniky ľadu.

Zošaleli mi hodinky.
Stretávam papierového medveďa,
ale obaja sme
priveľmi neskutoční,
aby sme si mohli ublížiť.

Rozprávam sa s mužom,
čo bol voľakedy mnou,
močím do bielej prázdnoty,
nechávam v nej stopy,
aby som videl,
že som tu raz vybojoval
svoj malicherný boj.

Stačí nepatrný pohyb
a napíšem hlúposť,
stačí nepatrný pohyb
a napíšem niečo strašne krásne
do diery
týchto sklených závejov.

Vidíš ma? Táto malá bodka,
to som ja.

HAMLET, AKO VŽDY ŠIALENÝ

Počítač J. S. Bach
skladá hudbu
k televíznym reklamám
na protiobézne kreslá.

Počítač Leonardo
maľuje tisíci prvý originál
Mony Lisy

Even you can't come after me
here. You send me letters here
but they freeze on the way
to rectangles of ice.

My watch has gone crazy.
I encounter a paper bear,
but each of us
is too unreal
to be able to hurt the other.

I'm talking to a man
who at some time was me,
I piss in the white emptiness,
leaving there my tracks,
so I may see
that once I fought out
my trivial battle here.

A tiny movement is enough,
and I'll write some stupidity.
A tiny movement is enough
and I'll write something awfully beautiful
into the hole
in these glassy drifts.

Do you see me? This little full stop,
that's me.

HAMLET, MAD AS EVER

The J. S. Bach Computer
composes music
to go with TV ads
for anti-obesity armchairs.

The Leonardo Computer
is painting the thousand and first original
of Mona Lisa

a zásielky podľa subskribčného zoznamu
odosiela prvým milionárom.

Počítač Hemingway
píše memoáre
skrachovaným politikom.

Počítač Napoleon
pripravuje
materiály pre nový variant
psychedelickej vojny.

Počítač Galileo
odvoláva svoju teóriu
elastického vesmíru.

Počítač Seneca
rečni v OSN o ženskej otázke
a hromadných samovraždách
veľrýb.

Počítač Adam
a počítač Eva
vyrábajú nové počítače.

Počítač Hamlet
sa zasekol,
donekonečna opakuje
akúsi nezmyselnú otázku.

VÝHERCOVIA ZIMNÉHO OBDOBIA

havranie mäso zimy slané a tvrdé
a kopytá snehu nad mestom

fúka zimný vietor s náterom severných vôní
stopy náhodného tigra
sa vrhajú na stopy lovca

and posting packages to the first millionaires
on the subscription list.

The Hemingway Computer
writes memoirs
for ruined politicians.

The Napoleon Computer
is preparing
materials for a new variant
of psychedelic war.

The Galileo Computer
is retracting its theory
of an elastic universe.

The Seneca Computer
is addressing the UN on the women's question
and the mass suicides
of whales.

The Adam Computer
and the Eve Computer
are making new computers.

The Hamlet Computer
has jammed,
endlessly it repeats
some kind of senseless question.

WINNERS OF WINTERTIME

raven's meat winter salty and tough
and troughs of snow over the city

the winter wind blows with a coating of scents from the north
tracks of an occasional tiger
hurl themselves on the hunter's tracks

a my tu stojíme
ústa na ústach
mráz odlieva z našich bozkov sklené poháre
porežeš sa o moje pery
a od bolesti sladko zaspievaš

dva naše výdychy narazili o seba
zazvučalo to
zamrznuté pastelky pustili krv

roztvoríš krídla kabáta
a ja vchádzam do teplého peria
k hladkým plameňom
ktoré mi dozrievajú do rúk

na mieste kde stojíme sa vzňal sneh
vyráža veselá vegetácia
a vosková kostrička konvalinky
sa obaľuje
ružovým telíčkom

VIKING

som bojovník
a dobrodruh
prišiel som
z ostrého severu
zohriať sa
tvojimi perami
porozprávam ti
dlhé eposy
ktoré ťa dovedú
až pred bránu pekla
ale neboj sa
keď nám už začnú
horieť vlasy
vytiahnem z vrecák
ruky utkané
z ľadu

and we stand here
mouth on mouth
frost moulds glass tumblers from our kisses
you will cut yourself on my lips
and you'll sweetly sing out with pain

our two sighs have collided
resoundingly
the frozen crayons have let blood

you'll pull open the wings of your coat
and I'll enter the warm plumage
to the smooth flames
that are ripening for my hands

in the place where we're standing the snow has caught fire
merry vegetation erupts
and the lily-of-the-valley's waxen bones
are rounded out
with a little pink body

VIKING

i'm a warrior
and derring-doer
i've come
from the bitter north
to warm myself
on your lips
i'll relate to you
lengthy epics
that will bring you
right to the gate of hell
but don't worry
as soon as our hair
begins to burn
i'll pull from my pockets
hands that are woven
out of ice

TALENT NA CESTOVANIE

nikde som nebol
a keď som aj bol
nič som nevidel
a keď som aj videl
nič som si nezapamätal
iba tú trávu pri trati
z londýna do newbury
ktorá bola rovnako
hrdzavá a zaprášená
ako u nás

doma

IRONICKÝ DODATOK K AUTOPORTRÉTU

bývam uprostred seba
iba pár hĺbok
od vlastnej smrti
nerealizovaná legenda
priesečník vzduchu a kože
na nič sa nepamätám
a tak všetky spomienky
budú asi odložené hlboko
na poslednú chvíľu
zaplavia mi oči znútra
až z toho oslepnem
a stíchnem navždy
neviem aká budúcnosť ma čaká
na druhej strane ma však teší
že ani budúcnosť nevie

akého sa ma dočká

TALENT FOR TRAVELLING

i haven't been anywhere
and even if i was
i haven't seen anything
and even if i did
i haven't remembered anything
only the grass by the railway
from london to newbury
which was just as
rusty and dust-laden
as ours

at home

IRONIC APPENDIX TO A SELF-PORTRAIT

i live in my midst
only a few fathoms
from my personal death
an unrealized legend
cross-section of skin and air
i remember nothing
and so all memories
will be put away deep down
for the last moment
they'll flood my eyes within
till i go blind
and am silent forever
i don't know what future awaits me
but on the other hand i'm glad
that even the future doesn't know

what me it's waiting for

ISLAND

predstava
že kdesi existuje
krajina ako island

mi pomáha prežiť

HĽADÁ SA KRISTUS

kríž je postavený

elektronicky vyhrievaný
s pohyblivými schodíkmi
aké bývajú na letiskách
s červeným kobercom
už sa hľadá iba kristus
ktorý zasa dobrovoľne vystúpi na kríž
a nechá sa ukrižovať
aseptickými klinmi
za nás
a my budeme sedieť
na narýchlo zmontovanej tribúne
nijaké výtržnosti
nijaká huba namočená do octu
za tie storočia sme sa predsa ako tak skultivovali
došlo nám že neuvážený výkrik
o jeho krvi na naše deti
by mohol spôsobiť ďalšie maléry
hľadá sa kristus
ktorý by uveril
v naše zmŕtvychvstanie

ICELAND

the idea
that somewhere there is
a country like iceland

helps me survive

CHRIST WANTED

the cross is erected

electronically heated
with movable steps
like they have at airports
with a red carpet
now all that's needed is a christ
who'll again voluntarily ascend the cross
and let himself be crucified
with aseptic nails
on our behalf
and we shall sit
on a rapidly mounted platform
no disorders
no sponge soaked in vinegar
after all these centuries we've got a bit refined
we've learnt that an unconsidered cry
about his blood being upon our children
could be the cause of further troubles
a christ is wanted
who will believe
in our resurrection

VAROVANIE

bude zasa vojna
na to netreba ani dobre platených
prorokov

ani vranie pero
ktoré z ničoho nič padne do mlieka

na všetkých stranách
sa zhromažďujú armády

nahromadilo sa toľko toho
čo si chceme povedať
my ktorí sa nevieme dohovoriť

dnes som zodvihol slúchadlo
a počul som v ňom šumieť krv

súhvezdia si vymenili miesto
ako deti pri hre na tretieho zbytočného

ale to čo príde
sa ani zamálo nedotkne hviezd
ani vietor o tom nebude vedieť
dážď si to nevšimne

ľudstvá sa už vydali na pochod

SMUTNÁ TRÁVA

smutná tráva
nejakého jesenného mesiaca

ako porazené vojsko
jazda križiakov
na koňoch s dolámanými nohami

čaká na svojho kazateľa
na kuriéra
ktorý prinesie nový rozkaz

WARNING

there'll be war again
for that no need of well-remunerated
prophets

or the crow's feather
that drops out of the blue into the milk

on all sides
armies are amassing

there's such a mass of what
we want to speak about
we who cannot talk sense to one another

today i lifted the receiver
and i heard blood hissing there

the constellations have changed place
like children playing odd man out

but what is coming
will have little effect on the stars
the wind will know nothing
and the rain will not perceive

the mortals are already on the march

SORROWFUL GRASS

the sorrowful grass
of an autumn month

like a defeated army
a crusaders' expedition
on horses with broken legs

waits for its mentor
for the courier
who will bring a new command

aby sa pohla
dopredu

prichádza biely pes
a detským jazykom
líže rosu na ranách

DEVÄŤ ROKOV

prvý raz som ušiel z domu
keď som mal deväť rokov
kdesi som objavil hrubý hnedý kabát
a keď som si ho obliekol
pocítil som ako ma rukávom ťahá za ruku
tam vonku je nádherne
už ťa všetci čakajú
ale nikto ma tam nečakal
ani rozsvietené reklamy
ani prostitútky so svätožiarou okolo tela
ani draci ani piráti

ulice boli plné sklamaných chlapcov
ktorí ušli z domu

POSOL S NIJAKOU SPRÁVOU

ten muž
tak nekonečne dlho bežiaci
až mu zo stehien
vyšľahli zaprášené krídla

ten muž
so vztýčeným pohlavím

to move
onwards

a white dog arrives
and with a child's tongue
licks dew on the wounds

NINE YEARS OLD

i first ran away from home
when i was nine years old
somewhere i'd found a coarse brown overcoat
and when i put it on
i felt the sleeve tugging me by the hand
it's wonderful outside
everyone's waiting for you there
but no one was there to meet me
no lit-up advertisements
no prostitutes with haloes round their bodies
no dragons no pirates

the streets were full of disappointed boys
who'd run away from home

MESSENGER WITH NO NEWS

that man
so endlessly running
till dusty wings
fluttered from his thighs

that man
with his penis erect

.

ten muž
s tvárou
ostrou ako sčernetý diamant

ten muž ktorý chce dobehnúť
včerajší dátum

ten muž vydesený
akoby ho do slabín pichala špička katedrály

ten muž s posolstvom
na ktoré už dávno nikto nečaká

pretože vymreli starci
ktorí by mu rozumeli
pretože sa ešte nenarodili deti
ktoré by ho rozlúštili

ten muž postrihaný v pohybe
bežiaci už len preto
aby nevrástol do zeme

that man
with face
sharp as a flushed diamond

that man who wants to catch up with
yesterday's date

that man petrified
as if a cathedral spire was prodding him in the loins

that man with a message
which for ages nobody's waited for

because the old men are dead
who would have understood it
because the children are not born
who could decipher it

that man torn in movement
who is now only running
so he won't take root in earth

JOHN MINAHANE was born near Balti-more, in the south-west of Ireland, in 1950. English was his original spoken language, though he studied the Irish language as a school subject from the age of 5. His first published work, a short story, appeared when he was 18, but he wrote poetry and prose fiction only in short bursts at long intervals, being mainly occupied with Irish, European and world history. These two interests came together in the ancient literature of the Irish language and the peculiar Christian culture bound up with it. Minahane's main work on this topic, which includes translations of many of

PHOTO © DOROTA SADOVSKÁ

the ancient poems (*The Christian Druids: on the filid or philoso-pher-poets of Ireland*), was published in Dublin in 1993. A review of a seventeenth-century controversy between poets of the North and South of Ireland (*The Contention of the Poets: an essay in Irish intellectual history*) followed in 2000.

Minahane went to live in Slovakia in 1996. Over the past few years he has translated many poems and prose pieces by Slovak writers of the past and present, from Ivan Krasko to Ivan Kolenič. His larg-est undertaking was a selection of the poems and literary essays of Ladislav Novomeský (*Slovak Spring*, 2004). The long biographical essay included in this volume sets Novomeský in his European con-text (though it is intended as notes towards a life of the poet, not as a substitute for an adequate biography).

IGOR HOCHEL (read Hokhel) was born in 1953 in Bratislava and studied Slovak and Bulgarian languages and literature at the Philosophical Faculty of Comenius University (FFUK) in Bratislava. After graduating, he was employed at the Pedagogical Faculty in Nitra. From 1982 to 1985 he was a lector of Slovak at the St. Kliment of Ochrid University in Sofia, Bulgaria, after which he returned to the Pedagogical Faculty in Nitra. From 1987 to 2001 he was part of the editorial staff of the literary journal *Romboid,* being its editor-in-chief from 1996-1999. Since 1996 he has been employed as a lecturer (currently as docent) in the Department

PHOTO © VLASTA HOCHELOVÁ

of Slovak Literature at the Philosophical Faculty of the University of Constantin Philosopher in Nitra, lecturing on Slovak literature of the second half of the twentieth century, contemporary literature, literary criticism, semiotics of literature and creative writing. From 1991-2004 he was a visiting lecturer on the History of Bulgarian literature at the FFUK.

He has published five published collections of poetry: *Strom pred domom* (The Tree in Front of the House) 1979, *Uprostred je mlčanie* (Amidst Is the Silence) 1993, *Kôra nežne praská* (The Bark Is Cracking Tenderly) 1997, *Utkané z vlasov* (Woven from the Hair) 2005, and *Pátrači v krajine nezvestných* (Scouts in the Land of the Missing) 1995, a poem complemented by graphic lists.

For over thirty years, he has devoted himself to literary criticism; selections from his essays and reviews were published in 2003 under the title *Dotyky, sondy, postoje* (Touches, Probes, Attitudes) and in 2005 his monograph, *Ladislav Ballek: Príbeh ako princíp* (Ladislav Ballek: Story as a Principle) was published. He is the co-author (with L. Čúzy and Z. Kákošová) of *Slovenská literatúra po roku 1989* (Slovak Literature after 1989), 2007.

He is also known as a translator from Bulgarian, and has translated the poems of Jordan Radickov, Ivan Davidkov, Maxim Asenov and other Bulgarian poets.

Other anthologies of poetry in translation published
in bilingual editions by Arc Publications include:

Altered State: An Anthology of New Polish Poetry
EDS. ROD MENGHAM, TADEUSZ PIÓRO, PIOTR SZYMOR
Translated by Rod Mengham, Tadeusz Pióro *et al*

*A Fine Line: New Poetry from Eastern
& Central Europe*
EDS. JEAN BOASE-BEIER, ALEXANDRA BÜCHLER, FIONA SAMPSON
Various translators

Six Slovenian Poets
ED. BRANE MOZETIč
Translated by Ana Jelnikar, Kelly Lennox Allen
& Stephen Watts, with an introduction by Aleš Debeljak
NO. 1 IN THE 'NEW VOICES FROM EUROPE & BEYOND' ANTHOLOGY SERIES,
SERIES EDITOR: ALEXANDRA BÜCHLER

Six Basque Poets
ED. MARI JOSE OLAZIREGI
Translated by Amaia Gabantxo,
with an introduction by Mari Jose Olaziregi
NO. 2 IN THE 'NEW VOICES FROM EUROPE & BEYOND' ANTHOLOGY SERIES,
SERIES EDITOR: ALEXANDRA BÜCHLER

*A Balkan Exchange:
Eight Poets from Bulgaria & Britain*
ED. W. N. HERBERT

*The Page and The Fire:
Poems by Russian Poets on Russian Poets*
ED. PETER ORAM
Selected, translated and introduced by Peter Oram

Six Czech Poets
ED. ALEXANDRA BÜCHLER
Translated by Alexandra Büchler, Justin Quinn
& James Naughton, with an introduction by Alexandra Büchler
NO. 3 IN THE 'NEW VOICES FROM EUROPE & BEYOND' ANTHOLOGY SERIES,
SERIES EDITOR: ALEXANDRA BÜCHLER

Six Lithuanian Poets
ED. EUGENIJUS ALIŠANKA
Various translators, with an introduction by Eugenijus Ališanka
NO. 4 IN THE 'NEW VOICES FROM EUROPE & BEYOND' ANTHOLOGY SERIES,
SERIES EDITOR: ALEXANDRA BÜCHLER

Six Polish Poets
ED. JACEK DEHNEL
Various translators, with an introduction by Jacek Dehnel

NO. 5 IN THE 'NEW VOICES FROM EUROPE & BEYOND' ANTHOLOGY SERIES, SERIES EDITOR: ALEXANDRA BÜCHLER